DUMONT EXTRA

Ardèche & Cevennen

Gabriele Kalmbach

Inhalt

Bienv

Atemberaubende Schluchten, die ›Gorges‹, zerfurchen bizarr die Landschaft. Die wildromantischen Canyons von Tarn und Ardèche sind ein beliebtes Urlaubsziel für Kajak- und Kanufahrer. Weniger bekannt, aber nicht minder eindrucksvoll sind die Gorges de la Dourbie, die Gorges de la Jonte und die Gorges du Chassezac. Wanderer, Radfahrer und Kletterer finden in dieser Region zwi-

enue!

schen Rhône und Zentralmassiv kleine Paradiese: Natur pur, mittelalterliche Bilderbuchdörfer, farbenprächtige Märkte, reizvolle Kieselstrände am Fluss, hübsche Ferienhäuser aus Bruchstein in einer der abwechslungsreichsten Landschaften Südfrankreichs. Aber auch Genießer kommen auf ihre Kosten: Roquefort, Ziegenkäse und kandierte Maronen sind nur die bekanntesten Spezialitäten.

Ardèche & Cevennen "Frankreichs wilder Süden"

»Midi moins le quart« – ›ein Viertel vor Süden‹ nennen die Einwohner den Landstrich zwischen Zentralmassiv und den Küstenebenen des Languedoc. Im sonnenverwöhnten Süden des Départements Ardèche trifft man schon auf Pflanzen des Mittelmeerraums, auf Olivenbäume, Weinreben, Oleander, Lavendel und Garrigue mit immergrünen Steineichen, Erdbeerbäumen, Wacholder, duftenden Kräutern. Im Osten bildet die majestätische Rhône auf 135 km die Grenze zwischen den Départements Ardèche und Drôme.

Vom Rhône-Tal steigen die Hügel Richtung Westen kontinuierlich an – das Département Lozère erreicht eine durchschnittliche Höhe von 1000 m! Mit der Höhe verändert sich auch die Vegetation. In den Cevennen und der Montagne Ardéchoise wachsen Nadelbäume, Buchen und Edelkastanien, unter die sich immer mehr Ginster, Heidekraut und Blaubeeren mischen. Noch höher weichen die Wälder einer windzerzausten Steppe: Fast kahl sind die Hochebenen und Gipfel von Mont Aigoual (1567 m), Mont Mézenc und Mont Lozère (1699 m). Das Klima ist rau hier, im Herbst und Frühjahr kühl und windig, im Winter tummeln sich Skilangläufer auf den Loipen.

»Loup à Coucouron, cigale à Vallon« (›Wolf im Norden, Zikade im Süden‹) – mit diesem Bild weist auch ein Sprichwort auf die Vielseitigkeit hin. Der Wechsel zwischen Kultur-, Klima- und Vegetationszonen und die herbe, extreme Schönheit der Landschaft machen gerade den besonderen Reiz dieser Region aus.

Im Westen wird die Berglandschaft der Cevennen von den Causses begrenzt, einer kargen Karstlandschaft, die in Jahrtausenden von Wind und Wasser geformt wurde. Durch das Kalkgestein fraßen sich Flüsse ihren Weg, so dass ein bewegtes Relief entstand mit weiten Hochebenen und tiefen Schluchten. Der wasserdurchlässige Kalk nimmt den Regen wie ein Schwamm auf. Während die Trockenheit an der Oberfläche nur eine steppenartige Vegetation zulässt, bahnt sich das Wasser unterirdisch immer neue Wege. Höhlen und Avens (von oben zugängliche Grotten) entstanden, in denen das tropfende Wasser in Jahrmillionen Stalagmiten und Stalaktiten formte.

Eine von vielen schönen Badestellen an den Flüssen der Ardèche und der Cevennen: Cholet Plage am Chassezac

Wasser ist allgegenwärtig, es hat nicht nur Canyons in die Landschaft gegraben, es entspringt auch in zahllosen Quellen, wirkt heilkräftig in Thermalbädern und wird zum Teil als Mineralwasser abgefüllt. Am Mont Gerbier de Jonc entspringt der längste Fluss Frankreichs, die Loire, unweit davon die Ardèche. Vom Département Lozère fließen Lot, Tarn, Dourbie und Jonte Richtung Atlantik und speisen die Garonne. Die Schluchten von Ardèche und Tarn mit steil aufragenden Felswänden und großen Mäandern gehören zu den schönsten Flusslandschaften Frankreichs.

Zwischen Gebirge und Ebene entstanden an den Verkehrswegen Kleinstädte wie Privas, Aubenas, Les Vans, Mende, Millau. Je weiter man hinauf in die Berge fährt, desto menschenleerer wird es. Aufgegebene Bergbauernhöfe, stillgelegte Eisenbahntrassen und verfallende Terrassenkulturen zeugen davon, dass hier einst mehr Menschen lebten. In manchen Dörfern gibt es statt ein paar Hundert nur noch eine Hand voll Einwohner.

Immer wieder stößt man dagegen auf Schaf- und Ziegenherden, aus deren Milch verschiedene Sorten Käse hergestellt werden, von mildem Frischkäse bis zu herbwürzigem Hartkäse. Die geschützte Herkunftsbezeichnung (*Appellation d'origine contrôlée*, meist AOC abgekürzt), wie sie in Frankreich auch an Wein, Bresse-Hühner oder die schwarzen Linsen aus Le Puy vergeben wird, erhielten unter anderem der Roquefort vom Causse du Larzac und die Ziegenkäse Pélardon (Lozère) und Picodon (Ardèche). Mit rund 50 000 Ziegen ist das Département Ardèche der bedeutendste Produzent von Ziegenkäse in Frankreich, während die Causses im Département Lozère die Domäne der Schafherden sind.

Weinbau, Seidenkultur, Kastanienproduktion, Schafzucht und Lederverarbeitung bestimmten die jeweiligen lokalen Ausprägungen der Architektur ebenso wie das vorhandene Baumaterial: in Thines oder in der Vallée Française sind die dunklen Häuser aus Schiefer, in Mirabel aus Basalt, in Vogüé wurde der helle Kalkstein verwen-

Ideal für ausgedehnte Wanderungen – das Massif du Tanargue im Westen des Départements Ardèche

det, für viele Bergbauernhöfe der graue Granit. Im Süden wirken auch die Häuser schon mediterran, hier gibt es provenzalische Höfe (*mas*) aus hellem Kalkstein, und die gelbliche oder hellrosa Tünche des Südens ist vor allem für Neubauten beliebt.

Die Landflucht und der damit verbundene enorme Bevölkerungsrückgang im 19. Jh., der Niedergang der Seidenproduktion und der Kastanienpflanzungen und zwei Weltkriege im 20. Jh. ließen Dörfer aussterben und veränderten die vom Menschen geformte Landschaft. Terrassenkulturen mit aus Steinbrocken aufgeschichteten Mäuerchen zeugen vom Willen der Menschen, auch unter schweren Bedingungen die Erde zu bearbeiten. Über Generationen bepflanzten die Bewohner diese kleinen Flächen mit Maulbeer- und Kastanienbäumen, Getreide, Obst und Gemüse. Heute sind viele *faïsses,* wie die Terrassen in der Ardèche heißen, aufgegeben – industriell mechanisierte Landwirtschaft ist hier fast nirgendwo möglich.

Seit einigen Jahrzehnten kehrt das Leben zurück in die verlassenen Dörfer. Zuerst kamen die Aussteiger, um sich hier als Biobauern oder Imker niederzulassen; manche von ihnen sind auf den lokalen Märkten anzutreffen: Im Angebot sind Ziegenkäse, Honig oder Vollwertbrot. Ihnen folgten die Touristen. Und seit in der Provence und an der Côte d'Azur die Immobilienpreise Pariser Niveau erreichten, sind auch hier bei wohlhabenden Städtern und Ausländern Zweitwohnsitze begehrt. Schließlich ›fällt‹ man nur von der Autobahn und ist schon an seinem Häuschen.

Glücklicherweise handelte es sich von Anfang an um den so genannten ›sanften Tourismus‹: Man kommt wegen der intakten Natur hierher, und so sind Gäste und Einheimische gleichermaßen interessiert daran, Landschaft und traditionelle Architektur zu erhalten. ›Bausünden‹ findet man hier

Lage:	Westlich der Rhône am Südwestrand des Zentralmassivs.
Fläche:	Ardèche 5 559 km² (davon 31% Wald), Lozère 5 500 km².
Verwaltung:	Das Département Ardèche gehört zur Region Rhône-Alpes und entspricht etwa der vorrevolutionären Provinz Vivarais (Autokennzeichen und Postleitzahl 07). Das Département Lozère gehört zur Region Languedoc-Roussillon (Autokennzeichen und Postleitzahl 48).
Bevölkerung:	Rund 286 000 im Département Ardèche (50 Ew./km²), rund 73 500 im Département Lozère (14 Ew./km²). Frankreich gesamt etwas mehr als 60 Mio. (104 Ew./km²).

wenig, für die Reinhaltung der Flüsse musste allerdings erst gekämpft werden, und im Rhône-Tal erinnern mehrere große Kernkraftwerke daran, dass die ›Zivilisation‹ nie weit entfernt ist.

Mit der Schaffung des Parc National des Cévennes ist es zudem gelungen, den Schutz einer außergewöhnlichen Landschaft und ›grünen Tourismus‹ in Einklang zu bringen. Es gab Hilfe bei der Restaurierung alter Höfe und der Einrichtung von *gîtes ruraux,* den einfachen Unterkünften für Wanderer, Radfahrer und Reiter. Bewusst wird der Aktivtourismus gefördert, aber kontrolliert, damit er umweltverträglich bleibt.

Die Tierwelt hat es als erste gedankt; mehrere Arten wurden erfolgreich wieder angesiedelt: Geier kreisen über den Gorges de la Jonte, Bonelli-Adler über den Gorges de l'Ardèche, auch Biber, Mufflon, Auerhahn und Fischotter fühlen sich hier wieder wohl.

Liebe geht aber auch durch den Magen. Frankreich gilt ohnehin als (Urlaubs)Land, in dem Feinschmecker sich kulinarischer Freuden sicher sein können. Lozère und Ardèche gelten nicht gerade als Zentren stern- oder kochmützenverdächtiger Restaurants. Das ist aber falsch. Auch die Küche zeigt sich hier am Schnittpunkt von Provence und Zentralmasiv, Rhône-Tal und Languedoc von ihrer besten Seite. Schon der Apéritif *castagnou* – ein Glas Sekt oder Wein mit Kastanienlikör – stimmt auf kommende Genüsse ein. Hier wird man kein Fleisch aus Massentierhaltung auf den Teller bekommen, schließlich weiden Lämmer, Rinder und Schweine gleich auf den Wiesen nebenan, schwimmt die Forelle im nächsten Fluss. Die meisten Köche hier arbeiten mit den Erzeugnissen der Region – also mit Ziegen- und Schafskäse, Waldpilzen, Wildbeeren, wildem Spargel und immer wieder Kastanien. Daher gilt hier immer noch, was in vielen anderen Regionen Frankreichs nur noch Mythos ist: Auch im einfachen Landgasthof ist das Essen exzellent! *Bon voyage* und *bon appetit!*

Geschichte

Ferme caussenarde – Museumsbauernhof in Hyelzas

etwa 30 000–20 000 v. Chr.	Cro-Magnon-Menschen erschaffen in der Grotte Chauvet bei Vallon-Pont-d'Arc Höhlenmalereien, die erst 1994 entdeckt werden.
1. Jh. v. Chr.–3. Jh. n. Chr	Alba-la-Romaine, an einem wichtigen Verkehrsweg gelegen, ist in der römischen Antike ein belebter Ort. In Gallien führen die Römer u. a. den Bergbau ein, kultivieren Wein und lassen Keramikwaren herstellen, in Graufensenque etwa werden Töpferwaren in großen Mengen produziert.
600	Der Legende nach gründet die an Lepra erkrankte, merowingische Prinzessin Enimie, Schwester von König Dagobert, ein Kloster in der Tarn-Schlucht.
1370	Tod von Papst Urban V., der aus den Cevennen stammt und den Bau der Kathedrale von Mende veranlasst hat.
16. Jh.	Die Lehre Luthers und Calvins findet in Ardèche und Cevennen viele Anhänger. Aus Konflikten zwischen Katholiken und ›Reformierten‹ werden blutige Religionskriege, in denen die Parteien einander unerbittlich bekämpfen. 1598 gestattet König Heinrich IV. den Protestanten mit dem Edikt von Nantes beschränkte Religionsausübung und Gewissensfreiheit und garantiert ihnen einige sichere Plätze.
17. Jh.	Der Friedensvertrag von Alès (1629) entzieht den Protestanten ihre Rechte wieder; im gleichen Jahr wird Privas von königlichen Truppen erobert und niedergebrannt. 1685 wird mit der Aufhebung des

Edikts von Nantes unter Ludwig XIV. die protestantische Religion verboten. Viele Protestanten, gezwungen, ihrem Glauben abzuschwören, ziehen es vor, das Land zu verlassen. Hunderttausende fliehen nach Holland, Deutschland, in die Schweiz. Die, die bleiben, werden ohne Gnade verfolgt – ihnen drohen Galeere, Gefängnis oder Tod. Berüchtigt sind die ›Dragonnaden‹, bei denen Soldaten bei protestantischen Familien einquartiert werden und diese drangsalieren.

1702–1704 Zwischen Katholiken und Reformierten beginnt ein grausamer Krieg, nachdem in der Nacht zum 25. Juli 1702 der Abbé du Chayla ermordet worden war. Die Kamisarden, so genannt wegen ihrer Hemden (frz. *chemise*, okzit. *camisa)*, lieferten den Truppen des Königs einen erbitterten Guerillakampf. Zwei Jahre widerstehen sie der königlichen Armee, dann müssen sie sich geschlagen geben.

1789 Das Toleranzedikt von 1787 setzt den Verfolgungen ein Ende; mit der Französischen Revolution ab 1789 erhalten auch die Protestanten alle Rechte und Pflichten und werden vollwertige Bürger.

19. Jh. In der ersten Hälfte des Jahrhunderts sorgen Seidenherstellung, Kastanienproduktion und Weinbau für eine wirtschaftliche Blüte der Region. Doch Krankheiten und Schädlinge sowie die preiswerte Konkurrenz für Seide aus Asien führen zum Niedergang. In der zweiten Hälfte des Jahrhunderts verursacht Landflucht einen stetigen Bevölkerungsrückgang. Noch heute ist das Département Lozère eine der am dünnsten besiedelten Regionen Frankreichs (14 Ew./km^2), und auch die Ardèche (50 Ew./km^2) erreicht nur die Hälfte des französischen Durchschnitts (104 Ew./km^2).

1940–1944 Im Zweiten Weltkrieg haben die Nazis Frankreich besetzt. Auch in den Cevennen operieren Widerstandskämpfer vom Maquis aus gegen die deutschen Besatzer.

1970–1984 Der Parc National des Cévennes wird gegründet und 1984 von der UNESCO zum Biosphärenreservat erklärt.

2002 Als Rekonstruktion werden die Höhlenmalereien der Grotte Chauvet der Öffentlichkeit zugänglich gemacht.

Gut zu wissen!

Entfernungen: In der Ardèche und den Cevennen kann man eigentlich nicht in Kilometern rechnen, denn auf den kurvigen, schmalen Départementssträßchen benötigt man für 80 km zuweilen durchaus 2 oder 3 Std. Für Motorradfahrer dagegen sind die vielen Kurven die reine Freude wie für Radfahrer die kleinen Nebenstraßen, auf denen kaum mal ein Auto die Ruhe stört.

Essengehen: Tischzeiten sind in der Regel 12.30–14.30 und 19.30–22 Uhr; den ganzen Tag durchgehend servieren nur Brasserien und Crêperien. In Frankreich ist es nicht üblich, sich im Restaurant direkt an einen Tisch zu setzen. Man wartet, bis der Kellner einen Platz vorschlägt. Ein Menü ist meist preiswerter, als einzelne Gerichte *à la carte* zu bestellen. Eine Karaffe Wasser und Baguette werden zu jedem Essen gereicht. Für Probierlustige: Viele Weine gibt es in Restaurants auch in kleinen Flaschen (0,375 l). Der Kellner oder die Kellnerin werden mit *Monsieur!* bzw. *Madame!* angesprochen. Die Rechnung umfasst immer den Gesamtbetrag und sollte von einer Person beglichen werden – in Frankreich ist es nicht üblich, getrennt zu bezahlen.

Mitbringsel: Es lohnt sich, aus der Ardèche oder den Cevennen ein paar der regionalen Spezialitäten nach Hause mitzunehmen. Länger als ein paar Tage haltbar sind Konfitüren aus Walderdbeeren, Himbeeren, Quitten, Blaubeeren u. a., Honig, den es in vielen Geschmacksrichtungen von Lavendel über Kastanie bis Garrigue-Blüten gibt, die luftgetrockneten Würste und Schinken, Wein, Olivenöl und -paste, Kräuteressig, getrocknete Pilze, Maronencreme und kandierte Maronen. Auch Ziegenkäse kann man zuhause in Öl eingelegt für ein paar Tage konservieren.

Öffnungszeiten: Hier in den Dörfer und Städtchen der ländlichen Provinz ist die Mittagspause noch heilig. Punkt 12 werden die Rollläden heruntergelassen, ringsherum hört man erstes Besteckklappern, und bis 15 Uhr ist an Einkaufen nicht zu denken (außer in den großen Supermärkten). Viele Geschäfte haben Montagvormittags geschlossen, einige dafür aber am Sonntagvormittag geöffnet (vor allem Bäckereien). Am Samstag sind die Geschäfte wie an anderen Werktagen bis 19 Uhr geöffnet.

Sonnenschutz: Beim Wandern in der halbhohen Garrigue oder über die Steppen der Causses gibt es keinerlei Schatten. Um sich vor Sonnenbrand und Sonnenstich zu schützen, sind ein Hut und Creme mit hohem Lichtschutzfaktor sowie ausreichend Trinkwasser dringend zu empfehlen. Das gilt auch für Bootsfahrten auf den Flüssen

Urlaubserinnerungen für zu Hause: luftgetrockneter Schinken, Würste und Wein

(das Wasser reflektiert die Strahlen) und ausgedehnte Radtouren.

Tabac: In Frankreich gibt es keine Zigarettenautomaten. Tabakwaren werden im *bureau de tabac* verkauft, das oft zu einem Lokal *(bar-tabac)* gehört. Hier gibt es auch Telefonkarten und Briefmarken.

Trinkgeld: Im Restaurant ist der Service meist im Preis inbegriffen, es ist aber üblich, 5–10 % der Summe als Trinkgeld zu geben. Zunächst gibt die Bedienung das Wechselgeld komplett heraus, danach lässt man einen Betrag auf dem Tisch liegen.

Tropfsteinhöhlen: Die Temperaturen liegen unterirdisch um 8–14° C. Auch im Hochsommer sollte man zur Höhlenbesichtigung einen Pullover oder eine Jacke mitnehmen.

Umweltschutz: In einer Region, in der Urlaub vor allem wegen der intakten Natur gemacht wird, sollte man ganz besonders gewisse ohnehin gültige Regeln respektieren. Bleiben Sie auf Pfaden und Wanderwegen, halten Sie Rastplätze und Flussufer sauber, gehen Sie nicht durch bewirtschaftete Felder, lassen Sie Hunde an der Leine. In Naturschutzgebieten sollte man keine Blumen pflücken, grundsätzlich kein Feuer anzünden, seine Abfälle wieder mitnehmen, Tore und Gatter wieder schließen, nachdem man hindurchgegangen ist. In vielen Orten und zum Teil auf Campingplätzen wird der Müll inzwischen in bereitgestellten Containern getrennt gesammelt. Wildes Zelten ist überall verboten, im Cevennen-Nationalpark auch Crossfahren mit Motorrad oder Mountainbike.

Weinproben: Bei einzelnen Winzern kann man direkt vor Ort probieren (*vente – dégustation*); in vielen Orten gibt es auch Genossenschaften (*coopératives*), die mehrere Winzer vertreten.

Wetter: Telefonische Auskünfte für Lozère 08 36 68 02 48, für die Ardèche 08 36 68 02 07, im Internet: www.meteo.fr

Feste & Unterhaltung

Abendmärkte

In vielen Städten der Ardèche hat man sich auf den sommerlichen Tourismus eingestellt, indem einmal wöchentlich (in Vals-les-Bains sogar zweimal) auch abends ein Markt (*marché nocturne)* mit Kunsthandwerk und Lebensmitteln stattfindet.

Feiertage

1. Jan. Neujahr (*Nouvel An*)
Ostermontag (*Lundi de Pâques*)
1. Mai Tag der Arbeit
8. Mai Ende des Zweiten Weltkriegs (*Armistice* 1945)
Christi Himmelfahrt (*Ascension*)
Pfingstmontag (*Pentecôte*)
14. Juli Nationalfeiertag
15. Aug. Mariä Himmelfahrt
1. Nov. Allerheiligen (*Toussaint*)
11. Nov. Ende des Ersten Weltkriegs (*Armistice* 1914)
25. Dez. Weihnachten (*Noël*)

Feste

Mai/Juni

Fête de la Transhumance: Mitte Juni in L'Espérou. Viehauftrieb vom Languedoc auf die Hochebenen des Aubrac und der Margeride.

Fête de St-Jean: 24. Juni. An einigen Orten werden Johannisfeuer angezündet.

L'Ardechoise: Ende Juni. Das größte Amateur-Radrennen der Welt von mehr als 100 km Länge – mit mehr als 10 000 Teilnehmern. Nach dem gemeinsamen Start teilt sich das Feld auf unterschiedliche Strecken bis zu 250 km auf. Ankunft immer in Lalouvesc im Norden der Ardèche.

Fête de la Randonnée: 3. Juni-Wochenende. Wandertag in ganz Frankreich.

Juli/August

Festival du Jeu: 2. Julihälfte in Vals-les-Bains. Traditionelle und neue Spiele aus aller Welt.

Fête des Myrtilles: Letztes Juli-Wochenende in Burzet und Pereyres. Blaubeerfest.

Les Aubenades de la Photographie: 2. Julihälfte in Aubenas. Ausstellungen.

Labeaume en musiques: Mitte Juli–Mitte Aug. in Labeaume. Klassische Konzerte unter freiem Himmel.

Festival Antique d'Alba-la-Romaine: Mitte Juli–Mitte Aug. Im antiken Theater abends um 22 Uhr Theaterstücke und Tanzdarbietungen.

Fêtes du Rhône: 3. Juli-Wochenende in Viviers. Konzerte, Tanz, *Joutes* (Schifferstechen) auf der Rhône.

Fête de l'Olivier: Letzter So im Juli in Les Vans. Olivenfest.

Jazz'n'co: 1. Aug.-Woche in Les Vans. Jazzkonzerte

Farbenprächtige Kostüme: Fête médiévale in Ste-Enimie

Mendemille: Anfang Aug. in Mende, Straßenspektakel, *Son et lumière.*

Rencontres Internationales Musicales: Anfang/Mitte Aug. in Pont-St-Esprit. Rund 200 Musiker und Musikstudenten tauschen sich in Kursen aus, abends gibt's Konzerte.

Fête des vignerons et des terroirs d'Ardèche: Mitte Aug. in Ruoms. Die Winzer stellen ihre Weine vor, es gibt Kostproben und natürlich Musik.

Fête médiévale: Mitte Aug. in Ste-Enimie.

Etats généraux du documentaire: 3. Aug-Woche, in Lussas bei Villeneuve-de-Berg. Das Dokumentarfilmfestival versteht sich als Sommeruniversität für Profis wie auch als öffentliche Veranstaltung. Thematische Filmreihen, Vorträge, Diskussionen mit Regisseuren. www.maisondudoc.com

September/Oktober

Assemblée du Désert: 1. So im Sept., ganztägiges Treffen von rund 20 000 Protestanten am Mas Soubeyran, mit Gottesdienst und Gedenkfeier.

Fête de la Châtaigne: Die Kastanienernte wird gefeiert – in Antraigues, Privas, St-Pierreville.

Rallye de l'Ardèche: Anfang Okt. Autorallye durch die Ardèche.

November/Dezember

Marathon international des Gorges de l'Ardèche: Allerheiligen, ab Vallon Pont d'Arc. Rund 1500 Kajakfahrer nehmen an der Wettfahrt über 35 km (bis St-Martin d'Ardèche) teil.

Informationen im Internet

Allerdings nur eine kleine Auswahl einiger Festivals in Frankreich bieten: www.francefestivals.com und www.guide-spectacles.com.

Son & Lumière

Bei Sehenswürdigkeiten in ganz Frankreich weit verbreitet ist die Animation mit ›Ton & Licht‹, um alte Gemäuer zum Leben wieder zu erwecken. In Burgen werden dann Mittelalterspektakel aufgeführt, in den Höhlen die bizarren Tropfsteinformen ausgeleuchtet.

Essen & Trinken

Regionale Küche

Man isst gut in der Ardèche und den Cevennen, denn die regionale Küche kann auf Produkte der Berge, Flüsse und Wälder des Zentralmassivs ebenso zurückgreifen wie auf die der mediterranen Ebenen. Aus Hase, Lamm, Schwein und Wild werden nicht nur Fleischgerichte, sondern auch herzhafte Pasteten und luftgetrocknete Schinken und Würste hergestellt. Typisch sind auch Rezepte mit Kohl, mit wildem Spargel, Steinpilzen oder Pfifferlingen. Allgegenwärtig sind Maronen – als Suppe, Beilage, als Püree, im Kuchen oder Nachtisch. Direkt aus den zahlreichen Flüssen stammen Krebse, Forellen und andere Süßwasserfische. Schon der mediterranen Küche verdanken sich Oliven, Olivenöl und -paste, Kräuter wie Thymian und Rosmarin, Kichererbsen und Garrigue-Honig.

Wichtiger Bestandteil einer Mahlzeit ist als letzter Gang immer **Käse** (manchmal wird er mit Salat serviert zur Vorspeise). Aus den Cevennen stammen der Ziegenkäse Pélardon und Roquefort, ein Blauschimmelkäse aus Schafsmilch, während der Bleu des Causses nach gleichem Verfahren aus Kuhmilch hergestellt wird; zu den Spezialitäten der Ardèche zählen der Ziegenkäse Picodon und der Coucouron aus Kuhmilch. Roquefort, Bleu des Causses, Picodon und Pelardon erhielten als AOC geschützte Herkunftsbezeichnungen.

Eine Köstlichkeit aus Esskastanien sind neben Eis die *marrons glacés* (kandierte Maronen). Desserts und Kuchen gibt es mit Blaubeeren aus den Bergen, Pfirsichen, Aprikosen und Kirschen aus dem Eyrieux-Tal.

Klare Preiskategorien (etwa von preiswert bis teuer) sind in Ardèche und Cevennen kaum für Restaurants festzulegen, da fast alle ein preiswertes (um 100 FF), ein mittleres (um 135 FF) und ein teures (um 160 FF) Menü anbieten, oft sogar noch ein Luxusmenü um 240 FF, wobei man oft auch mit dem günstigsten gut beraten ist.

Getränke

Weine aus dem Rhône-Tal, sind auf jeder Weinkarte zu finden. Die Côtes du Rhône tragen mit dem Label AOC eine geschützte Herkunftsbezeichnung. Aber auch in der gesamten Osthälfte des Départements Ardèche wird Wein angebaut. Als AOC klassifiziert sind die Côtes du Vivarais, als *vin de pays* die Coteaux de l'Ardèche. Es gibt Weißweine, Rotweine und Rosé (Chardonnay, Viognier, Syrah, Cabernet, Merlot, Sauvignon), die man in der Regel jung trinkt.

In dieser an Wasser reichen Region gibt es natürlich auch lokale **Mineralwasser:** zum Beispiel Arcens und Vals aus der Ardèche, Quezac aus der Tarn-Schlucht.

Caillettes sind gut gewürzte Gemüse-Fleisch-Klöße

Kulinarisches Alphabet

abricot	Aprikose
aligot	Kartoffelpüree mit Käse und Knoblauch
agneau	Lamm
asperges	Spargel
bleu des Causses	Blauschimmelkäse
caillettes	Fleisch-Mangold-Kräuterklöße
castagnou	Aperitif mit Kastanienlikör
cèpes	Steinpilze
cerise	Kirsche
charcuterie	Wurstaufschnitt
châtaigne	Kastanie
chou	Kohl
criques	Kartoffelpuffer
confit de canard	Entenfleisch im eigenen Fett
confit d'oie	Gänsefleisch im eigenen Fett
coupe ardéchoise	Maroneneis mit Maronenlikör
daube	Schmorbraten
faisselle	Quark
foie de volaille	Geflügelleber
gibier	Wild
girolles	Pfifferlinge
lapin	Kaninchen
lard	Speck
lièvre	Hase
lou pisadou	Kastanienkuchen
mâche	Feldsalat
magret de canard	Entenbrust
maouche	mit Kohl gefüllter Schweinemagen
marron	Marone, Esskastanie
miel	Honig
myrtille	Blaubeere
omelette à l'oseille	Sauerampferomelett
pâté	Pastete
pêche	Pfirsich
picodon	Ziegenkäse
pissenlit	Löwenzahn
porc	Schwein
poulet	Hühnchen
sandre	Zander
sanglier	Wildschwein
saumon	Lachs
tapenade	Olivenpaste
terrine	Pastete
tripes	Kutteln
tripoux	Pansen
truite	Forelle

Sport & Freizeit

Gleich geht es wieder bergab

Auf oder im Wasser

Die wilden Wasser in den Schluchten der Region – Ardèche, Chassezac, Dourbie, Eyrieux, Jonte, Tarn – sind wie geschaffen für den Aktivurlaub. Im Sommer ist der Wasserstand zum Teil jedoch sehr niedrig. Vorsicht: Im Frühjahr und im Herbst schwellen Bäche und Flüsse nach heftigen Gewittern und Regenschauern überraschend schnell zu tosenden, schlammigen Wasserfluten an. Die Ardèche hält den Geschwindigkeitsrekord – in wenigen Stunden kann das Wasvon 2–3 m³/Sek. auf mehrere Tausend m³/Sek. steigen! Daher sollte, wer mit dem Boot oder zu Fuß in Flusstälern unterwegs ist, den Wetterbericht beachten.

Angeln

Das Angeln ist in der Regel Mitte März bis Mitte September erlaubt, eine halbe Stunde vor Sonnenaufgang bis eine halbe Stunde nach Sonnenuntergang. Wo man eine Angelerlaubnis (*carte de pêche*) erhält, teilt das Office de tourisme oder Syndicat d'Initiative mit. Informationen: Fédération de pêche de l'Ardèche, ZI Le Lac, av. Marc Seguin, 07003 Privas Cedex, Tel. 04 75 66 38 80, Fax 04 75 66 38 82; Fédération de pêche de la Lozère, 12, av. Paulin Daudé, 48000 Mende, Tel. 04 66 65 36 11, Fax 04 66 49 38 69, www.peche48. com

Um die Wildforellen zu schützen, ist an Tarn und Ardèche an manchen Stellen nur das Fliegenfischen erlaubt, bei dem die Fische zurück ins Wasser gesetzt werden.

Bei Gîtes de France (s. S. 27) gibt es unter dem Label »Gîte de pêche« auch spezielle Ferienhausangebote für Angler.

Canyoning & Rafting

Geführte Canyoningtouren werden z. B. am Oberlauf des Chassezac (s. Les Vans) und von Millau aus angeboten.

Rafting ist nur auf zwei Streckenabschnitten erlaubt: Zwischen St-Privat und Vogüé auf der Ardèche und zwischen Les Ollières und Rhône auf dem Eyrieux.

Kanu & Kajak

Die Ausrüstung für Kanu- und Kajaktouren kann man vor Ort leihen, d. h. zum Boot erhält man Paddel, Schwimmwesten, eine verschließbare Tonne für Gepäck und

Proviant sowie evtl. eine Karte oder Routenskizze. In der Bootsmiete inbegriffen ist der Rücktransport zum Ausgangspunkt. Fahrzeiten meist 10–18 Uhr; für längere Touren ist frühes Aufstehen die Voraussetzung.

Im Sommer und Frühherbst führen die Flüsse relativ wenig Wasser – z. T. muss man aus dem Boot aussteigen, deshalb ist es sinnvoll, (Turn)Schuhe zu tragen, um auf den glitschigen Kieseln Halt zu haben. Nach einem heftigen Gewitter können aus Rinnsalen jedoch binnen kurzem reißende Wildwasser werden. Ausrüstung: Wasser, Proviant, evtl. trockene Kleidung zum Wechseln, Sonnenschutz.

Fédération française de canoë-kayak, 87, quai de la Marne, BP 58, 94344 Joinville-le-Pont Cedex, Tel. 01 45 11 08 50, www.ffcanoe.asso.fr

Einen Flussführer bietet im Internet: www.eauxvives.org

Zu Land

Golf

Lozère und Ardèche sind nicht gerade Schwerpunkte des französischen Golfsports. Es gibt nur wenige Plätze, z. B. bei La Canourgue. Auf der Internetseite der Fédération Française de Golf lassen sich – nach Regionen oder Städten geordnet – Informationen über Gelände, Preise, Service finden: www.ffg.org

Höhlenwanderungen

In Ardèche und Causses werden immer neue Grotten entdeckt; viele sind zugänglich. Einige Veranstalter bieten *spéléologie* genannte unterirdische Wanderungen mit Höhlenkunde an. Ausrüstung: Helm, Grubenlampe, Kletterseile und -haken, Schutzanzug, evtl. Schlauchboot. Fédération française de spéléologie, 130, rue St-Maur, 75011 Paris, Tel. 01 43 57 56 54, www.ffspeleo.fr

Klettern

Das Relief dieser Region macht es zum Paradies für Kletterer. Rund 50 Kletterplätze gibt es allein in der Ardèche mit rund 1500 gewarteten Strecken. Information: Fédération française de la montagne et de l'escalade, 8–10, quai de la Marne, 75019 Paris, Tel. 01 40 18 75 50, Fax 01 40 18 75 59, Verband: www.ffme.fr, Plätze: www.ffme.fr/cosiroc

Radfahren

Fahrräder kann man in vielen Orten und zum Teil sogar auf Campingplätzen ausleihen – meist Mountainbikes (*VTT = vélo tout terrain*). Als Ausrüstung sinnvoll: Fahrradhose, Helm, Rucksack, Karte, Werkzeug, Regenjacke. Bei vielen Offices de tourisme gibt es Tourenvorschläge (kostenlose Blätter, käufliche Spezialführer).

Wer sein eigenes Rad mitnehmen, aber nicht mit dem Auto anreisen möchte, kann sich beim Allgemeinen Deutschen Fahrrad-Club (ADFC) über die Anreise mit speziellen Fahrradbussen informieren. Die Internet-Seiten des Verbands bieten auch ausführliche Länder-Infos für Tourenradler (www.adfc.de/service/euro).

ADFC, Postfach 10 77 47, 28077 Bremen, www.adfc.de

Karten: Für Tagestouren eignen sich die IGN-Karten im Maßstab 1:100 000 oder von Didier et Richard im Maßstab 1:50 000.

Straßen: Den Nationalstraßen (N + Nummer) vorzuziehen sind die

Beim Mas Camargues nahe dem Mont Lozère

kleinen, wenig befahrenen Départementstraßen (D + Nummer). Weitere Informationen: Fédération française de cyclotourisme, 8, rue Jean-Marie-Jégo, 75013 Paris, Tel. 01 44 16 88 88, Fax 01 44 16 88 99, ww.ffct.org. Infos im Internet: perso.wanadoo.fr/cyclotourisme.ardeche (nur Ardèche).

Reiten

Bei Gîtes de France (s. S. 27) gibt es unter dem Label »Gîte et cheval« Angebote für Reiterferien. Auskunft erteilen auch die regionalen und lokalen Fremdenverkehrsämter. Comité départemental de tourisme équestre en Ardèche: Tel. 04 75 65 01 85. Délegation nationale au tourisme équestre, 9, bd. Mac-Donald, 75019 Paris, Tel. 01 53 26 15 50. Im Internet finden sich Reiterferien (*séjours équestres*) unter www.a-cheval-en-france.com (nach Départements geordnet).

Wandern

Ob Rund- oder Mehrtageswanderung, Familienspaziergang oder sportliche Klettertour, am Fluss entlang oder hinauf aufs Hochplateau, auf Viehtriebwegen (*drailles*) oder Ökolehrpfaden, Lozère und Ardèche sind ideale Wandergebiete für jede Kondition. Zahllose Fernwanderwege durchqueren die Region, der GR 4 etwa führt durch die Gorges de l'Ardèche, der GR 66 über den Mont Aigoual, der GR 68 über den Mont Lozère, der GR 70 folgt den Spuren Robert Louis Stevensons. In einigen Orten kann man auch in Begleitung eines Gepäckesels wandern, Auskunft bei den Fremdenverkehrsämtern (s. S. 24). Hier gibt es zudem meist lokale Routenvorschläge (gratis oder als käuflicher Wanderführer).

Wanderkarten: vom Institut Géographique National (IGN, Série Bleue) im Maßstab 1:25 000. Um 50 FF pro Blatt. Infos im Internet: www.ign.fr

Topoguides: Die Hefte der Fédération Française de la Randonnée Pédestre (in Buch- und Zeitschriftenläden) basieren auf IGN-Karten und machen Wandervorschläge mit detaillierten Routenbeschreibungen (frz.) und Hinweisen auf Gîtes d'étape: z. B. Topoguide 305 (Vallées Cévenoles), 402 (Gorges de l'Ardèche), 407 (Gorges de l'Ardèche à la Margeride/Parc National des Cévennes),

611 (Tour en Pays Cévenol), 631 (Tour du Mont Lozère, des Causses Méjean et du Sauveterre), 632 (Tour du Mont Aigoual), 704 (Du Pilat au Cévennes). Der Verband kümmert sich auch um die Markierung und Instandhaltung der Fernwanderwege (GR = Grande Randonnée), der regionalen (GR de Pays) und lokalen (PR = Promenades et Randonnées) Wanderwege. **Markierungen:** GR weiß-rot, GR de Pays gelb-rot, PR gelb. Da die Markierungen nicht immer zuverlässig sichtbar sind, sollte man nicht ohne Karte wandern.

Infos: Centre d'information de la randonnée pédestre, 14, rue Riquet, 75019 Paris, Tel. 01 44 89 93 93, Fax 01 40 35 85 67, ffrp.paris@wanadoo.fr, www.ffrp.asso.fr
Regionalverband Lozère: Comité départemental de la randonnée de la Lozère, 14, bd. Bourillon, 48000 Mende, Tel. 04 66 61 13 77, Fax 04 66 61 23 42.
Regionalverband Ardèche: Comité départemental de la randonnée pédestre de l'Ardèche, Le Gamel, 07200 St-Sernin.
Übernachten: Entlang der Fernwanderwege gibt es einfache Quartiere für Wanderer. Die Broschüre »Gîtes d'étape et de séjour« kann bei Gîtes de France (s. S. 27) gegen Gebühr angefordert werden. Meist bieten diese Hütten Platz für 8–35 Personen in Gemeinschaftsschlafsälen. Ein Schlafsack muss mitgebracht werden, die maximale Aufenthaltsdauer ist auf drei Nächte begrenzt.
Ausrüstung: Wanderstiefel, Regenkleidung bzw. Windschutz, Pullover, Sonnenschutz, Kopfbedeckung, Messer, ausreichend Trinkwasser und Verpflegung; für mehrtägige Touren Rucksack und Laken oder Schlafsack für die Übernachtung.

In der Luft

Gleitschirmfliegen

Zum Beispiel am Mont Mézenc und bei Les Vans sowie von Millau aus. Infos: Fedération Française de vol libre, 4, rue de Suisse, 06000 Nice, Tel. 04 97 03 82 82, Fax 04 97 03 82 832, www.ffvl.fr

Ultraleichtfliegen

Ultraleichtfliegen (ULM) zum Beispiel bei Vallon-Pont-d'Arc und Aubenas. Infos: Fédération Française de planeur ultra-léger motorisé, 96 bis, rue Marc Sangnier, 94700 Maisons Alfort, Tel. 01 49 81 74 43, Fax 01 49 81 74 51, www.ffplum.com

Segelfliegen

Einen Segelflugplatz gibt es auf dem Causse Méjean bei Meyrueis.

Unternehmungen mit Kindern

Mit älteren Kindern kann man Kajak fahren oder eine Wanderung in Begleitung eines Esels planen. Für einen Regentag bieten sich der Besuch einer Tropfsteinhöhle oder das tropische Aquarium bei St-Jean-du-Gard an.

Auf dem Gelände von Ardèche Miniature in Soyons sind die Sehenswürdigkeiten der Region im Maßstab 1:25 nachgebildet. Aerocity bei Aubenas ist ein Freizeitpark mit Karussells, Wasserrutschbahn, Aquapark und anderen Attraktionen.

Ausflüge mit den historischen Eisenbahnen Transcévenol (Anduze/St-Jean-du-Gard) oder Viaduc 07 (Vogüé/St-Jean-le-Centenier) und der Bambuswald bei Anduze gefallen sicher auch Kindern.

Sprachführer

1	un	16	seize
2	deux	17	dix-sept
3	trois	18	dix-huit
4	quatre	19	dix-neuf
5	cinq	20	vingt
6	six	30	trente
7	sept	40	quarante
8	huit	50	cinquante
9	neuf	60	soixante
10	dix	70	soixante-dix
11	onze	80	quatre-vingt
12	douze	90	quatre-vingt-dix
13	treize		
14	quatorze	100	cent
15	quinze	1000	mille

Zeit

Sonntag	dimanche
Montag	lundi
Dienstag	mardi
Mittwoch	mercredi
Donnerstag	jeudi
Freitag	vendredi
Samstag	samedi
Feiertag	jour de fête
Minute	minute
Stunde	heure
Tag	jour
Woche	semaine
Monat	mois
Jahr	année
Frühling	printemps
Sommer	été
Herbst	automne
Winter	hiver
heute	aujourd'hui
gestern	hier
vorgestern	avant-hier
morgen	demain
übermorgen	après-demain
morgens	le matin
mittags	à midi
nachmittags	l'après-midi
abends	le soir
nachts	la nuit
nach	après
vor	avant
früh/spät	tôt/tard

Unterwegs

Haltestelle	arrêt
Bus	bus, car
erklären	expliquer
kommen	venir
gehen	aller
Eingang	entrée
Ausfahrt	sortie
zeigen	montrer
bei	chez
links	à gauche
rechts	à droite
geradeaus	tout droit
hier/dort	ici/là
Stadtplan	plan de ville
fragen	demander
antworten	répondre
Auskunft	information
Vorsicht	attention
bar	en espèces
Wechsel	change
Betrag	somme
Geld	argent
Scheck	chèque
Kreditkarte	carte de crédit
kaufen	acheter
Geschäft	magasin
Bank	banque
Telefon	téléphone
Post	poste
Bahnhof	gare
Flughafen	aéroport

Die wichtigsten Sätze

Wie komme ich nach ...?	Comment j'arrive à ...?
Wieviel kostet das?	Ça coûte combien?
Wo finde ich...	Où est-ce que je peux trouver...?
Ich brauche...	J'ai besoin de...
Wann öffnet/schließt ...?	Quand ouvre/ferme ...?
Haben Sie ein freies Zimmer?	Avez-vous une chambre de libre?
Sprechen Sie Deutsch/Englisch?	Parlez-vous l'allemand/l'anglais?
Wo kann ich den Wagen parken?	Où puis-je garer ma voiture?
Ich möchte Geld wechseln	Je voudrais changer de l'argent
Können Sie mir helfen?	Pourriez-vous m'aider?

Im Hotel

guten Tag	bonjour
guten Abend	bonsoir
bitte	s'il vous plaît
danke	merci
Entschuldigung	pardon
Aufenthalt	séjour
Übernachtung	nuit
Zimmer	chambre
für eine Person	pour une personne
Bad	salle de bains
Dusche	douche
Doppelbett	grand lit
Einzelbetten	deux lits
Schlüssel	clé
Handtücher	serviettes
Aufzug	ascenseur
Gepäck	bagages
Paß	passeport
Ausweis	carte d'identité
Quittung	facture
Empfang	réception
wecken	réveiller
Preis	prix
Rechnung	note
Name	nom
Vorname	prénom
verheiratet	marié
ledig	célibataire
Ankunft	arrivée
Abfahrt	départ
Auto	voiture
Parkplatz	parking

Im Restaurant

Frühstück	petit déjeuner
Mittagessen	déjeuner
Abendessen	dîner
Mahlzeit	repas
essen	manger
trinken	boire
Tisch	table
reservieren	réserver
Messer	couteau
Gabel	fourchette
Löffel	cuillère
Teelöffel	petite cuillère
Teller	assiette
Flasche	bouteille
Glas	verre
Speisekarte	carte, menu
Weinkarte	carte des vins
Vorspeise	hors d'œuvre
Hauptgericht	plat principal
Tagesgericht	plat du jour
Nachspeise	dessert
zahlen	payer
Rechnung	addition
Diät	régime
vegetarisch	végétarien
Wasser	de l'eau
Getränk	boisson
mit Kohlensäure	gazeux

Information

... in Deutschland

Maison de la France
Westendstr. 47
60325 Frankfurt/Main
Tel. 0190/57 00 25
Fax 0190/59 90 61
maison_de_la_France@t-online.de
www.maison-de-la-france.com
www.franceguide.com

... in Österreich

Maison de la France
Argentinier Str. 41a
1040 Wien
Tel. (01) 503 28 90
Fax (01) 503 28 71
info@maison-de-la-france.at

... in der Schweiz

Maison de la France
Löwenstr. 59
8023 Zürich
Tel. (01) 211 30 85
Fax (01) 212 16 44
tourismefrance@bluewin.ch

... in Frankreich

Comité départemental du
Tourisme de l'Ardèche (CDT)
4, cours du Palais, BP 221
07002 Privas Cedex
Tel. 04 75 64 04 66
Fax 04 75 64 23 93
cdt07@ardeche-guide.com
www.ardeche-guide.com

Comité départemental du
Tourisme de la Lozère (CDT)
14, Bd. Henri Bourrillon
48001 Mende Cedex
Tel. 04 66 65 60 00/01
Fax 04 66 49 27 96
CDT.lozere@wanadoo.fr

im Internet

www.inforoutes-ardeche.fr
www.guideweb.com/ardeche
www.i-s-f.com/tourism
www.bsi.fr/ardeche
www.cevennes.com
lozere.net
www.france48.com
www.lozere-online.de
www.frankreich-info.de

Reisezeit

Hauptsaison in Ardèche und Cevennen sind Juli und August; wer zu dieser Zeit reist, sollte Hotel, Ferienhaus oder Stellplatz lange im Voraus reserviert haben. Die Sommermonate sind heiß und trocken. Am schönsten sind Juni und September, beide meist recht trocken, an vielen Tagen sonnig, die Temperaturen moderat. Im Mai und Oktober kann es abends noch bzw. schon recht kühl sein. Im Frühjahr und Herbst sollte man mit wechselhaftem Wetter rechnen – heftige Wolkenbrüche folgen auf Sonnenschein und in den Höhenlagen kann es sogar schon oder noch Schnee geben. Im Winter ist der regionale Unterschied zwischen Rhône-Tal und den Bergen allerdings am deutlichsten: Oben meterhoch Schnee und klirrende Kälte, im Tal milde, aber regenreiche Tage.

Anreise

... mit dem Flugzeug

Der nächstgelegene größere Flughafen ist Lyon-St-Exupéry, der von einigen deutschen, Schweizer und

österreichischen Flughäfen direkt angeflogen wird.
Auskünfte in Reisebüros und bei der Air France, Tel. 0180/583 08 30, www.airfrance.de.

... mit dem Auto oder Motorrad

Bei der Anreise mit dem eigenen Wagen oder Motorrad sind die Mautgebühren (*péage*) für die französischen Autobahnen in die Budgetplanung einzubeziehen. Sie können mit französischem Bargeld oder mit Kreditkarte bezahlt werden; EC-Karten werden nicht akzeptiert. Gebühren Metz-Valence circa 190 FF.

Via Saarbrücken, Metz, Dijon oder Mulhouse, Besançon erreicht man Lyon; Hauptreiseroute ist die nach Süden führende Autoroute du Soleil (A 7). Es ist sinnvoll, Lyon auf der östlichen Umgehung (A 46) zu umfahren. Infos im Internet: www.autoroutes.fr

Entfernungen: Nach Lyon sind es von Berlin 1230 km, von Frankfurt 690 km, von Hamburg 1190 km, von Köln 765 km, von München 750 km, von Wien 1345 km und von Zürich 440 km.

Autoreisezüge: Von Deutschland (u. a. Berlin, Hamburg, Köln, München) nach Avignon. Auskunft in den DB-Reisezentren, unter Tel. 0180/524 12 24, im Internet unter www.dbautozug.de sowie bei SNCF, c/o Rail Europe Deutschland, Lindenstr. 5, 60325 Frankfurt/Main, Tel. 0180/ 521 82 38, Fax 069/ 97 58 46 35, www.raileurope.de

... mit der Bahn

Auf der Strecke Paris-Marseille verkehren die französischen Hochgeschwindigkeitszüge (TGV) bis Valence oder Montélimar (TGV-Bahnhöfe), Fahrtzeit Paris/Gare de Lyon – Lyon 2 Std. (512 km). Alle TGVs sind reservierungspflichtig.

Nach Mende, Villefort, Génolhac und Millau kann man über Paris mit der Bahn fahren (lange Fahrzeiten).

Fahrradtransport: Die Mitnahme von Zweirädern im Zug sowie der Versand von Fahrrädern sind derzeit nicht möglich (Busse s. S. 19). Radfahrer-Hotline der DB: 01803/ 194 194.
Weitere Informationen im Internet: www.bahn.de und www.sncf.fr

Einreise

Für EU-Bürger reichen Personalausweis oder Reisepass. Autofahrer müssen den Fahrzeugschein und die grüne Versicherungskarte mitführen.

Wer Hund oder Katze mit in den Urlaub nehmen möchte, muss eine Tollwutimpfbescheinigung vorlegen, die mindestens einen Monat und höchstens ein Jahr alt ist. Die Mitnahme von Tieren unter drei Monaten ist nicht erlaubt. Bei Campingplätzen und Ferienhäusern muss man sich jeweils erkundigen, ob Tiere erlaubt sind.

Unterwegs

... mit dem Auto oder Motorrad

Verkehrsregeln: Höchstgeschwindigkeiten sind 50 km/h in Ortschaften, 90 km/h auf Landstraßen, 110 km/h auf vierspurigen Schnellstraßen (bei Regen 100), 130 km/h auf Autobahnen (bei Regen 110). Die Promillegrenze beträgt 0,5. Es besteht Anschnallpflicht. Im Kreisverkehr hat man Vorfahrt. In den Städten darf in der *zone bleue* nur mit Parkscheibe geparkt werden. Ein gelber Streifen am Straßenrand bedeutet absolutes Halteverbot.

Tanken: Benzin (*essence*) wird in Frankreich als Diesel (*gasole*), bleifreies (*sans plomb*) Normalbenzin (92 octan), bleifreies Super (95 octan) und als Superplus (98 octan) angeboten.

Leihwagen: Um in Frankreich einen Leihwagen zu mieten, kann man man sich auch schon zuhause informieren und reservieren, am besten über die Internetseiten der Anbieter, die besondere Rabatte anbieten:
www.avis.com
www.sixt.de
www.hertz.de
www.europcar.de

mit der Bahn

Im Département Ardèche gibt es überhaupt keine Bahn (außer Güterverkehr im Rhône-Tal und zwei Touristenbähnchen). Im Département Lozère gibt es einen Bahnhof in Mende sowie einen in Millau (Département Aveyron). Um innerhalb des beschriebenen Gebiets mit öffentlichen Verkehrsmitteln zu reisen, ist man daher auf Busse angewiesen.

mit dem Bus

Überlandbuslinien verkehren zwischen den größeren Orten mehrmals tgl., in kleine Dörfer aber zum Teil nur ein- bis zweimal pro Tag.

Unterkunft

Hotels

Hotels werden in Frankreich mit Sternen klassifiziert von einem Stern (einfach) bis vier Sterne (gehoben). Darüber gibt es noch die Kategorie vier Sterne Luxus. Die Preise gelten nicht pro Person, sondern pro Zimmer, in der Regel ohne Frühstück. Wer kein französisches Bett (*grand lit*) möchte, sollte gezielt nach einen Doppelbett (*chambre à deux lits*) fragen. Hotelverzeichnisse schicken regionale und lokale Fremdenverkehrsämter gerne zu. In der Hauptsaison verpflichten einige Hotels ihre Gäste zu Halb- oder Vollpension. Die Preise im Buch sind in der Regel für die Hauptsaison angegeben; in der Nebensaison sind sie deutlich günstiger.

Unter www.check-in-france.com findet sich im Internet eine Datenbank mit rund 22 000 Hotels in ganz Frankreich.

Schlosshotels: Eine stilvolle Variante fürs Übernachten bieten Schlosshotels, die sich in verschiedenen Organisationen zusammengeschlossen haben und zum Teil gar nicht mal unerschwinglich sind.

Châteaux & Hotels de France
12, rue Auber
75009 Paris
Tel. 01 40 07 00 20
Fax 01 40 07 00 30
chatotel@chatotel.com
www.chateauxethotels.com

Relais & Châteaux
15, rue Galvani
75017 Paris
Tel. 01 45 72 90 00

Fax 01 45 72 90 30
www.relaischateaux.fr

Logis de France: Mehr als 3500 Hotel-Restaurants verzeichnet die Broschüre der Logis de France. Der Komfort wird mit ein, zwei oder drei gelben Kaminen auf grünem Grund bewertet; die Küchenchefs bieten in der Regel regionale Küche an. Wegen des guten Preis-Leistungs-Verhältnisses sind die eher kleinen oder mittleren Häuser meist ein guter Tipp.

Fédération nationale
des Logis de France
83, av. d'Italie
75013 Paris
Tel. 01 45 84 70 00
Fax 01 45 83 59 66
E-Mail: info@logis-de-france.fr
www.logis-de-france.fr
www.logis-d-ardeche.com

Ferienhäuser

Gîtes de France: Die staatliche Organisation vermittelt 55 000 Ferienhäuser und -wohnungen (*gîtes ruraux*) in Frankreich. Der Gesamtkatalog kann gegen Gebühr bezogen werden.

Maison des Gîtes de France
et du Tourisme Vert
59, rue St-Lazare
75439 Paris Cedex 09
Tel. 01 49 70 75 75
Fax 01 42 81 28 53
E-Mail: info@gites-de-france.fr
www.gites-de-france.fr

Neben der Zentrale gibt es auch eine regionale Vermittlung für die Ardèche:
4, cours du Palais
BP 402
07004 Privas Cedex
Tel. 04 75 64 70 70
Fax 04 75 64 75 40
www.gitesdefrance-ardeche.com

Clévacances: Auch die regionalen Fremdenverkehrsbüros geben Kataloge mit Ferienwohnungen heraus (pro Département: Ardèche, Lozère). Kategorien ein bis fünf Schlüssel (von einfach bis luxuriös). Gebucht werden kann direkt beim Vermieter oder über das regionale Büro. 25 % der Gesamtmiete werden als Vorauszahlung erwartet.

Clévacances France
54, bd. de l'Embouchure
BP 2166
31022 Toulouse
Tel. 05 61 13 55 66
Fax 05 61 13 55 94
infos@clevacances.com

Clévacances Ardèche
4, cours du Palais
07000 Privas
Tel. 04 75 64 10 52 (Auskunft)
Tel. 04 75 64 42 55 (Reservierung)
Fax 04 75 64 69 12
clevacances-ardeche@wanadoo.fr

Clévacances Lozère
14, bd. Henri Bourrillon, BP 4
48001 Mende Cedex
Tel. 04 66 65 60 00 (Auskunft)
Tel. 04 66 48 48 48 (Reservierung)
Fax 04 66 65 03 55

Für alle Ferienhäuser gilt, dass sie meist wochenweise vermietet werden (von Sa bis Sa; Ankunft ab 16 Uhr, Abreise bis 10 Uhr). Sie verfügen immer über eine Küche oder Kochecke; Bettwäsche und Geschirrtücher müssen in der Regel selbst mitgebracht werden oder können gegen Aufpreis ausgeliehen werden. In der Hauptsaison (Juli, Aug.) gelten höhere Preise als in der Nebensaison (Mai, Juni, Sept.) und in der Regel muss man mindestens zwei Wochen buchen.

Außerdem gibt es Ferienwohnungen und -häuser in den Katalogen der großen Reiseveranstalter wie TUI und auf Frankreich spezialisierten Anbieter wie Voyages Sud-Soleil, Pierre & Vacances oder France Vacances, bei kommerziellen Ferienhausvermittlern wie Inter-Chalet, Interhome und zahllosen kleineren Agenturen sowie in jedem Kleinanzeigenteil der Tageszeitungen.

Camping

Über die Campingplätze in der Ardèche und den Cevennen informieren Broschüren der CDTs. Die Plätze der Gemeinden (*camping municipal*) sind meist einfach ausgestattet und sehr preiswert. Daneben gibt es eine Vielzahl privater Plätze, die je nach Komfort und Angebot mit bis zu vier Sternen ausgezeichnet werden. Viele anlagen sind mit Schwimmbad, Sport- und Spielplätzen und Fahrradverleih ausgestattet, evtl. gibt es auch Bar, Disko, Animation, Angebote für Kinder und für Freizeitaktivitäten. Neben Stellplätzen kann man oft auch Mobilhomes oder kleine Holzchalets mieten.

Weitere Informationen beim Campingverband, der auch den »Guide Officiel Camping Caravaning« für Frankreich publiziert.
Fédération Française de Camping et Caravaning
78, rue de Rivoli
75004 Paris
Tel. 01 42 72 84 08
Fax 01 42 72 70 21
www.campingfrance.com

Wem auf den großen Plätzen zuviel Trubel herrscht, kann auf ›Naturcampingplätze‹ (*aires naturelles)* ausweichen, die maximal 25 Stellplätze bieten. Beliebt ist auch Camping auf dem Bauernhof (*à la ferme*) mit meist maximal sechs Stellplätzen. Bei Gîtes de France kann (gegen Gebühr) die Broschüre »Campings à la ferme« angefordert werden. Informationen auch bei den lokalen und regionalen Fremdenverkehrsämtern. Wildes Campen ist verboten.

Bed & Breakfast

Als *chambre d'hôte* bezeichnet man in Frankreich ein von Privatleuten angebotenes Gästezimmer (meist mit Frühstück). Informationen bei den regionalen und lokalen Fremdenverkehrsämtern sowie:
Bed & Breakfast France
6, rue d'Europe
95470 Fosses
Tel. 01 34 68 83 15
Fax 01 34 72 29 31
E-Mail: bab@bedbreak.com
www.bedbreak.com
Die angebotenen privaten Gästezimmer sind von einfach (eine Sonne) bis luxuriös (vier Sonnen) klassifiziert.

Auch bei Gîtes de France kann (gegen Gebühr) die Broschüre »Chambres et tables d'hôtes« angefordert werden. Wenn neben dem privaten Quartier auch eine Gästetafel (*table d'hôtes*} angeboten wird, kann man preiswert und authentisch die regionale Küche kennen lernen.

Feriendörfer

Die *villages de vacances* bieten nicht nur Appartements und Selbstverpflegung, sondern zum

Teil auch wahlweise Halb- bzw. Vollpension, evtl. Schwimmbad, Sportmöglichkeiten und ein organisiertes Freizeitangebot für Groß und Klein – ideal für den Familienurlaub. Man darf sich keineswegs nur Kolonien gleichförmiger Einfachsthäuschen vorstellen – es gibt auch umgebaute Schlösser und Bauernhäuser sowie hotelähnliche *résidences,* die wochenweise Appartements vermieten. Auskunft bei den regionalen Fremdenverkehrsbüros von Lozère und Ardèche (www.villages-vacances.com).

Ferme-Auberge

Urlaub auf dem Bauernhof kann man in Frankreich in einer *ferme-auberge* machen. Neben Zimmern, auf Wunsch mit Halbpension, kann man hier häufig auch als zahlender Gast die deftige regionale Küche preiswert kennen lernen (auf Vorbestellung). Denn da der Großteil aus eigenen Produkten der Landwirtschaft zubereitet werden muss, entsprechen die Gerichte dem, was in der Region angebaut wird und üblich ist. Informationen bei den regionalen und lokalen Fremdenverkehrsämtern unter dem Stichwort »accueil à la campagne« oder »tourisme rural«. Eine Broschüre »Ferme-Auberges« ist bei Gîtes de France zu beziehen.

Jugendherbergen

Preisgünstig sind Übernachtungen in den *auberges de jeunesse,* die neben Schlafsälen oft auch kleinere Mehrbettzimmer anbieten. Das betrifft jedoch vornehmlich An- und Rückreise, da es in Ardèche und Lozère keine, in Millau eine Jugendherberge gibt. Das französische Jugendherbergsverzeichnis gibt die Fédération Unie des Auberges de Jeunesse heraus: FUAJ, 27, rue Pajol, 75018 Paris, Tel. 01 44 89 87 27, Fax 01 44 89 87 10, www.fuaj.org

Gîtes d'étape

Gîtes d'étape sind preiswerte, sehr einfache Unterkünfte für Wanderer und Radwanderer. In Schlafsälen oder Mehrbettzimmern kann im eigenen Schlafsack übernachtet werden. Die Aufenthaltsdauer ist auf maximal drei Nächte begrenzt. Ein Adressenverzeichnis ist bei Gîtes de France erhältlich. Im Juli und August unbedingt reservieren!

Behinderte

Broschüren kann man (gegen Gebühr) bei zwei französischen Organisationen anfordern. Informationen bietet auch die Internetseite des Comité National Français de Liaison pour la Readaptation des Handicapés – je nach Handicap bzw. Département ist das Angebot jedoch sehr unterschiedlich.

Association des Paralysés de France, 17, bd. A. Blanqui
75013 Paris
Tel. 01 40 78 69 00
Fax 01 40 78 69 71

CNRH
236 bis, rue de Tolbiac
75013 Paris
Tel. 01 53 80 66 66
Fax 01 53 80 66 67
www.handitel.org

Orte v

Im Kajak über Stromschnellen paddeln, durch würzig duftende Garrigue oder Kastanienwälder wandern, mit dem Mountainbike oder Motorrad über schmale Sträßchen kurven, von Berggipfeln über Hügelmeere bis zum Mittelmeer blicken, endlich mal Paragliding, Klettern, Canyoning oder Ultraleichtfliegen ausprobieren, die regionalen Spezialitäten von Bachforelle bis Maroneneis ge-

on A-Z

nießen – dieser Ardèche & Cevennen-Führer gibt Ihnen nützliche Tipps und ausgesuchte Adressen an die Hand, damit Ihr Aufenthalt zu einem unvergesslichen Erlebnis wird! Und dem, der in Frankreichs wildem Süden Besonderes sehen möchte, dem seien die Extra-Touren empfohlen. Ardèche & Cevennen in kompakter, überschaubarer Form, für den, der viel sehen und nichts verpassen will.

Orte von A–Z

Alle interessanten Orte und ausgewählte touristische Highlights auf einen Blick – alphabetisch geordnet und anhand der Lage- bzw. Koordinatenangabe problemlos in der großen Extra-Karte zu finden.

Alba-la-Romaine

Lage: J 3
Postleitzahl: 07400
Einwohner: 1000

Der Ort am Flüsschen Escoutay besteht aus einem mittelalterlichen und einem gallo-römischen Teil. In der Antike haben hier rund 3000 Menschen gelebt, und man kann noch heute einen Teil des urbanen Alba Helviorum besichtigen, da einige Gebäudefundamente wieder ausgegraben wurden. Rundherum, in der Ebene zwischen dem Basaltplateau du Coiron und dem Kalkplateau des Gras, dehnen sich Weinfelder und Obstplantagen.

Château: Ostern–Juni, Okt.–Allerheiligen So 14–18, Juli–Sept. tgl. 10–12, 15–19 Uhr. Das mächtige, fast finster wirkende Schloss aus dunklem Basalt ist schon von weitem zu sehen; drumherum drängen sich dicht an dicht die ebenfalls dunklen steinernen Häuser, viele aus dem 15. Jh.

Hameau La Roche: Ein Fußweg am Fluss entlang führt zu dem kleinen Weiler La Roche, fast eine Miniaturausgabe von Alba.

Ausgrabungen: rechts und links der D 107, Führungen im Juli Mo–Fr, im Aug. tgl., sonst auf Verabredung, Tel. 04 75 52 46 42. Aus der gallo-römischen Epoche stammen Reste der antiken Stadt; zu sehen sind Teile der Nord-Süd-Verkehrsachse (*cardo*) mit Spuren von Wagenrädern, des Forums, eines Heiligtums. Die schöne Kulisse für sommerliche Aufführungen bietet das Theater. Zwischen Zuschauerrund und Bühne fließt ein Bach quer hindurch.

Office de tourisme: Rue du Barry, Tel. 04 75 52 45 86.

Hostellerie Gourmande Mère Biquette: 6 km nördlich, 07580 St-Pons, Les Allignols, Tel. 04 75 36 72 61, Fax 04 75 36 76 25, Mitte Dez.–Mitte Feb. geschl., merebiquette@europost.org, moderat.
Kleines, ruhiges Logis de France-Haus mit neun Zimmern in alten Gemäuern (DZ 320–450 FF). Tennis, Pool, Garten zwischen Weinreben und Kastanien – eine ländliche Idylle. Ländliche Küche – im Sommer auf der Terrasse.

Sightseeing | Hotels
Museum | Restaurants
Baden | Shopping
Sport & Freizeit | Nightlife
Ausflüge | Feste
Information | Verkehr

Louis Latour: Wein (Chardonnay de l'Ardèche und Grand Ardèche).
Markt: Place de la Mairie und Rue du Barry, So vormittags.
Trödelmarkt: Letzter Juli-So.

Freilufttheater: Juli, Aug. im antiken Theater. Infos beim Office de tourisme.

Anduze

Lage: F 7
Postleitzahl: 30140
Einwohner: 2900

Das Städtchen am Gardon liegt am Übergang von languedozischem Flachland und den Cevennen. Eine Festung bewachte vom 14. bis zum 17. Jh. den Ort, wurde aber zerstört. Nach der Reformation wurde der Ort zur Hochburg der Protestanten und galt als ›Genf der Cevennen‹. Wirtschaftlich war über Jahrhunderte vor allem die Seidenproduktion von Bedeutung. Eingezwängt im Nadelöhr zwischen Berg und Fluss, nennt sich die Stadt heute ›Tor zu den Cevennen‹.

Altstadt: Ein Spaziergang führt durch enge Gassen und gewundene Sträßchen wie die Rue Bouquerie. Ungewöhnlich: der Pagodenbrunnen auf der Place Couverte, dessen farbige Ziegel im 17. Jh. von Keramikern aus Anduze gebrannt wurden.
Tour de l'Horloge: Der Turm aus dem 14. Jh. blieb bei der Zerstörung der Stadtbefestigung verschont. Die Uhr trägt er seit 1569.

Dampfzug: März–Okt., viermal tgl. (Juni–Aug. tgl., April–Mai Di–So, Sept., Okt. Di–Do, Sa, So), www.citev.com. Nach St-Jean-du-Gard verkehrt ein nostalgischer *train touristique,* der einen Stopp am Bambuswald einlegt. Strecke 14 km.

Bambouseraie de Prafrance:
2 km nördlich in Générargues
März–Okt. tgl. 9.30–Dämmerung, Nov., Dez. Mi–So 10–17 Uhr, www.bambouseraie.fr
Der riesige Bambuswald wurde Mitte des 19. Jh. von dem Gewürzhändler Eugène Mazel angelegt, der Bambus und andere exotische Pflanzen importierte. Späte-

Der Bambuswald bei Anduze

re Besitzer machten aus dem Garten eine Bambuszucht – bis heute einzigartig in Europa –, die wie ein Stückchen Asien mitten in Südfrankreich wirkt. Auf 34 ha sind rund 150 Bambusarten angepflanzt, ein laotisches Dorf wurde nachgebaut, Wassergärten, Gewächshäuser und das ›Tal des Drachen‹ erwarten Besucher. Der zum Teil bis zu 30 m hohe Bambus, so erfährt man hier, ist kein Baum, sondern ein Gras – manche Sorten wachsen allerdings 1m pro Tag!

Musée du Désert: 8 km nördl., Mas Soubeyran, Mialet, www.museedudesert.com, März.–Nov. 9.30–12, 14.30–18, Juli, Aug. 9.30–19 Uhr.
Das ›Museum der Wüste‹ im Weiler Mas Soubeyran wurde im Geburtshaus des Camisardenführers Rolland eingerichtet. Es dokumentiert die Verfolgung der Protestanten, ihren Widerstand gegen Katholizismus und Staatsmacht in den Cevennen, den Guerillakrieg der Camisarden und ihre Niederlage.

Grotte de Trabuc: 11 km nördlich, Mialet, März–Mitte Nov. tgl. 9.30–12, 14–18 Uhr, Juli, Aug. 9.30–18.30 Uhr.
Das einstige Camisardenversteck ist eine weitläufige Höhle mit einem grünlich schimmernden See und Wasserfällen, die vermutlich zum Gardon werden. Sehenswert: die ›100 000 Soldaten‹, eine ganze ›Armee‹ circa 10 cm hoher Stalagmiten, und der ›Kronleuchter‹.

Office de tourisme: Place du Plan de Brie, Tel. 04 66 61 98 17, Fax 04 66 61 79 77, www.ot-anduze.fr

Porte des Cevennes: 2300, Route de St-Jean-du-Gard, Tel. 04 66 61 99 44, Fax 04 66 61 73 65, moderat.
Oberhalb des Gardon-Tals inmitten von Pinien, Eichen und Kastanien liegt das ruhige Logis-de-France-Haus. 34 geräumige Zimmer in einem Gebäude neueren Datums, Panoramaterrasse, Pool (DZ 350–400 FF).

Les Demeures du Ranquet: 6 km südöstlich, in Tornac, Route de St-Hippolyte-du-Fort, Tel. 04 66 77 51 63, Fax 04 66 77 55 62, Nov.–Mitte März geschl., Luxus. Die geschmackvoll ausgestatteten Bungalows stehen im ausgedehnten Garten eines restaurierten Guts (640–900 FF). Mit Pool. Gehobene französische Küche von Anne Majourel mit exquisiten Zutaten von weißen Trüffeln bis Täubchen (Menüs 200–380 FF, Restaurant Di, Mi in der Nebensaison geschl.). Eine schicke Adresse – mit Hubschrauberlandeplatz.

Camping Cevennes-Provence*:** 4 km nördlich, bei Corbès, Tel. 04 66 61 73 10, Fax 04 66 61 60 74, Nov.–Mitte März geschl., marais@camping-cevennes-provence.fr, www.camping-cevennes-provence.fr
Familiärer Platz auf 30 ha Gelände am Zusammenfluss von Gardon de Mialet und Gardon de St-Jean. Baden und Angeln im Fluss, Tennis, Minigolf, Spielplatz. Stellplätze, Wohnwagen, Bungalows, Ferienwohnungen.

Poterie d'Anduze: Route de St-Jean-du-Gard. Seit dem 17. Jh. gibt es Töpferbetriebe in Anduze. Gelbe, braune oder grüne Keramik für Garten und Terrasse.
Markt: Markthalle, Do.

Assemblée du Désert: 1. So im Sept., Treffen von rund 20 000 Protestanten am Mas Soubeyran. Gottesdienst und Gedenkfeier in Erinnerung an die heimlichen Treffen in abgelegenen Landstrichen, zu denen die gläubigen Protestanten im 18. Jh. gezwungen waren.

Aubenas

Lage: H 3
Postleitzahl: 07200
Einwohner: 11 100

Die Stadt ist der wirtschaftliche Mittelpunkt der *Ardèche méridionale*. In Pont d'Aubenas, der Unterstadt am Fluss, sorgten einst Mühlen, Textilbetriebe und Papiermanufakturen für einen gewissen Wohlstand, zu dem auch der Handel mit Seide beitrug. Oberhalb der Ardèche blickt die Oberstadt wie eine Akropolis von ihrem Felsplateau über Berge und Hügel – am schönsten wirkt die Stadtsilhouette, wenn man sich Aubenas von Norden nähert. Am turbulentesten geht es in dieser Kleinstadt zu, wenn samstags auf dem Schlossplatz der Markt stattfindet.

Château: Juli, Aug. Do–Di Führungen 11, 14, 15, 16, 17 Uhr, April–Juni, Sept Di, Do–Sa 14, Okt.–März Di, Do, Sa, 14 Uhr. Das trutzige Schloss (12.–17. Jh.) gilt als schönstes Beispiel für die zivile Architektur der Region.
Dôme St-Benoit: Place de la Grenette, Juli, Aug. Mo–Fr 10–18, Sa 14–18 Uhr. Die imposante Kuppel der sechseckigen Kapelle aus dem 18. Jh. ist mit farbig glasierten Ziegeln gedeckt.
Altstadt: Ein Boulevard umschließt die *vieille ville* von Aubenas. Fast alle Altstadtgassen sind Fußgängerzone. Bei einem Stadtbummel lassen sich Häuser mit Renaissance-Fenstern entdecken oder die Maison aux Gargouilles mit auffallenden Wasserspeiern gegenüber vom Schloss.

Gute Badeplätze an der Ardèche bei Vogüé und Balazuc.

Aérocity: 10 km südl. an der D 104, Mai, Juni 10–17.30, Juli, Aug. 10–19, Sept. So 10–18 Uhr. Der Fliegerei gewidmeter Vergnügungspark, mit Achterbahn, Karussells, Wasserrutschbahn.
Viaduc 07: Vogüé, Tel. 04 75 37 03 52, Mai–Juni, Sept. nur So, Juli, Aug. So–Fr 3 x tgl.
Zwischen Vogüé und St-Jean-le-Centenier (14 km) verkehrt ›Picasso‹, ein kleiner, nur noch für Touristen eingesetzter Zug aus den 50er Jahren, der auf einem alten Viadukt die Ardèche überquert.
Kart-Bahn: in 07170 Lavilledieu, RN 102, Tel. 04 75 94 20 19
Ultraleichtfliegen: ULM Safari, Aérodrome Aubenas-Lanas, beim Park Aérocity, Tel. 04 75 35 42 54.
Les Intra-Terrestres: 3, place du 14 Juillet. Höhlentouren, Canyoning, Klettern und andere Outdoor-Aktivitäten.

Vogüé: Das Bilderbuchdörfchen am Ufer der Ardèche schmiegt sich an die Kalksteinfelsen. Das Schloss mit vier runden Ecktürmen erinnert an provenzalische Bauweise; im Wasser sind noch die Reste einer Mühle erhalten, die von einer der verheerenden Fluten mitgerissen wurde.
Balazuc: Ein zweites Postkartenmotiv! Das Dorf 13 km südöstlich von Aubenas scheint an der steilen Felswand über der Ardèche zu kleben und wirkt wie in den Stein gemeißelt. Von der Brücke aus erschließt sich am besten, warum Balazuc als eines der ›schönsten Dörfer Frankreichs‹ klassifiziert wurde. Die Zeit scheint in den steilen Gassen und schattigen Durchgängen stehen geblieben zu sein.
Vieil Audon: Von der Brücke bei Balazuc geht es zu Fuß am jenseitigen Flussufer entlang zum Weiler Vieil Audon unterhalb einer steilen Felswand (20 Min. hin und zurück). Keine Straße führt in das Dörfchen, das von einer Hand voll Idealisten nach und nach restauriert wird. Am Wegrand wachsen Maulbeerbäume, denn hier soll die Seidenherstellung wieder aufgenommen werden. Verkauf von Ziegenkäse. Der Weg führt weiter nach Chauzon (hin und zurück 2.15 Std.)

Office de tourisme: 4, bd. Gambetta, Tel. 04 75 89 02 03, Fax 04 75 89 02 04, ot.aubenas. ardeche@en-france.com, www.inforoutes-ardeche.fr/tourisme/AUBENAS2.htm

La Pinède: 2 km oberhalb von Aubenas an der D 235, Route du Camping, Tel. 04 75 35 25 88, Fax 04 75 93 06 42, la.pinede@i-s-f.com www.i-s-f.com/tourism/la-pinède, Mitte Dez.–Jan. geschl., moderat.
Ruhig gelegenes Logis de France-Haus mit 30 Zimmern (260–400 FF) am Ortsrand; mit Pool. Familiäre, unprätentiöse Atmosphäre. Das Restaurant bietet Panoramablick über die Umgebung und regional inspirierte Küche.
Les Pins*:** 3 km außerhalb an der D 235, Tel. 04 75 35 18 15, Fax 04 75 93 36 78, Mitte April–Mitte Sept.
Von hohen Kiefern beschatteter Campingplatz mit Pool und Bungalows oberhalb von Aubenas. 150 Stellplätze.

Le Chât qui pêche: 6, place de la Grenette, Tel. 04 75 93 87 49, Di, Mi geschl. (außer Juli, Aug.) sowie zweite Junihälfte.
Kleines Restaurant in einem Gebäude aus dem 17. Jh. Die regionalen Spezialitäten von *caillette*

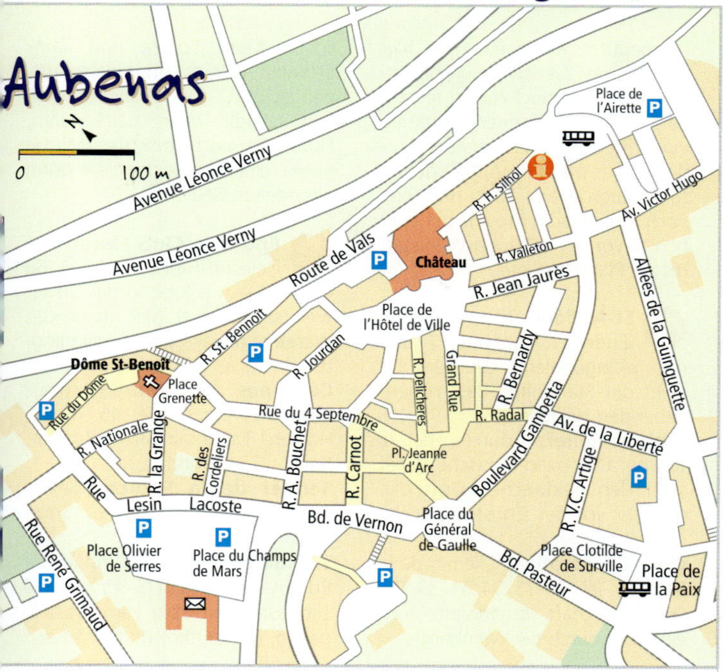

über *andouillette ardéchoise* (Kuttelwurst) bis zum Kastanienkuchen sind exzellent; der Service ist freundlich. Reservierung empfehlenswert (Menüs 100–180 FF).
Fournil: 34, rue du 4-Septembre, Tel. 04 75 93 58 68, So abends, Mo geschl. sowie zweite Junihälfte. Fast nebenan liegt das größere Fournil – man tafelt unter alten Gewölben oder im Innenhof. Die Karte lässt provenzalische Einflüsse erkennen: Michel Leynaud serviert Hase mit Kräutern und Tapenade oder Hummerragout mit Morcheln (Menüs 100–260 FF).

Markt: Sa vormittags auf dem Schlossplatz.
Sabaton: Chemin de Moulon Inférieur, La Plaine. Fabrikverkauf beim Hersteller von *marrons glacés* (kandierten Maronen).
La Table Gourmande: 16, rue de Bernardy. Regionale Spezialitäten, Wein und Spirituosen.

Les Aubenades de la Photographie: 2. Juli-Hälfte. Fotoausstellungen.
Rallye de l'Ardèche: Anfang Okt.

Bus: Nach Privas, Vals-les-Bains, Les Vans, Vallon-Pont-d'Arc, Viviers, Bourg-St-Andéol.

Bourg-St-Andéol

Lage: J 5
Postleitzahl: 07700
Einwohner: 7800

Ein bisschen behäbig wirkt der Ort im Rhône-Tal – und gar nicht herausgeputzt. Kaum ein Haus hier wurde von Zweitwohnungsbesitzern zur Bilderbuchkulisse restauriert. Zumal im Zweiten Weltkrieg ein Drittel der Stadt zerstört wurde, ist hier mancher Altbau definitiv verloren. Dafür kann man hier noch französische Provinz pur erleben – von der Citroën-Werkstatt bis zur Platanenallee.

St-Andéol: In der Kirche (Ende 11., Anfang 12. Jh.) mit oktogonalem Glockenturm steht der Sarkophag des namengebenden Heiligen.
Mithras-Relief: Sources de la Tourne. Das gallo-römische Relief stellt den heidnischen Gott dar, der hier vor der Christianisierung verehrt wurde.
Cave Coopérative: Chemin de la Barrière, Tel. 04 75 54 51 34. Die Genossenschaft organisiert auch eine Tour durch die Weinberge.

Office de Tourisme: Place du Champ de Mars, Tel./Fax 04 75 54 54 20.

Markt: Mi.

Fête de la Pêche: Anfang Juni. **Weinfest:** Mitte Juli.

Bus: Nach Viviers, Aubenas.

Florac

Lage: D 5
Postleitzahl: 48400
Einwohner: 2100

Hoch aufragende Felsen scheinen über Florac zu wachen. Die hübsche Kleinstadt am Tarnon, zwischen Mont Lozère und Tarn-Schlucht, ist nicht nur idealer Ausgangspunkt für Wanderungen, Reitausflüge oder Kajaktouren, Florac ist auch belebter Mittelpunkt einer ansonsten nur dünn besiedelten Region.

Sporting Club Florac: rue Célestin-Freinet, Tel. 04 66 45 00 71. Ausflüge in die Unterwelt (*spéléologie*), Mountainbike-, Wander-, Kajak- und Canyoningtouren.
Cévennes Evasion: 5, place Boyer, Tel./Fax 04 66 45 18 31. Höhlen-, Mountainbike-, Wander-, Kajak-, Canyoningtouren.
Sentier de la Source: Kleiner Spazierweg vom Schloss zur Source du Pêcher.
Wandern: Faltblatt mit fünf Rundwanderungen (5–15 km), die alle fast unmittelbar vom Ort ausgehen, beim Office de tourisme.

St-Julien-d'Arpaon: Die Burgruine im Mimente-Tal dominiert das gleichnamige Dorf.
Barre-des-Cévennes: Cevennendorf mit romanischer Kirche und alten Häusern aus dem 15.–17. Jh. Durch Dorf und Umgebung führt ein *sentier de découverte* des Nationalparks (3 km).
St-Laurent-de-Trèves: Auf dem Felsen oberhalb des Ortes hinterließen Dinosaurier vor 190 Mio. Jahren ihre Fußabdrücke.
Bédouès: Abweisend und wehrhaft, eher wie eine Burg, wirkt die imposante Kirche von Bédouès.

Centre d'Information du Parc des Cévennes: Tel. 04 66 49 53 01, Fax 04 66 49 53 02, www.parcsnationaux-fr.com/cevennes, www.bsi.fr/pnc
Verwaltungssitz und ein Informationszentrum des Nationalparks be-

finden sich im Schloss: Bücher und Zeitschriften, Informationen über Flora und Fauna, Freizeitangebote (Ecomusées, geführte Touren etc.).
Office de tourisme: Av. Jean Monestier, Tel. 04 66 45 01 14, Fax 04 66 45 25 80, otsi@ville-florac.fr, www.ville-florac.fr, www.florac-tourisme.com

Grand Hôtel du Parc: 47, av. Jean Monestier, Tel. 04 66 45 03 05, Fax 04 66 45 11 81, grand-hotel-du-parc@wanadoo.fr, Dez.–Mitte März geschl., moderat.
Mitten in Florac liegt das Drei-Sterne-Hotel auf einem großen Parkgrundstück (mit Pool). Neben dem alten Gebäude gibt es einen modernen Anbau (angenehm: Holzfußboden statt Teppichboden). 60 recht große Zimmer 220–380 FF.
La Lozerette: in Cocurès, 6 km nordöstl. über N 106, D 998, Tel. 04 66 45 06 04, Fax 04 66 45 12 93, lalozerette@wanadoo.fr, Allerheiligen–Ostern geschl.
Das Hotel im Dörfchen Cocurès liegt zwar direkt an der Straße nach Pont-de-Montvert, doch die ist nicht sehr befahren. Freundlicher Empfang; 21 helle, gemütliche Zimmer mit Balkon (300–420 FF).
Camping Chantemerle:** in Bédouès, Tel./Fax 04 66 45 19 66, Mitte Ostern–Anfang Sept.
Kleiner, ruhiger Platz direkt am Tarn im Nachbardörfchen Bédoues (Ortsausgang an der Straße nach Pont-de-Montvert). Mit Badestelle am Fluss. 77 schattige Stellplätze.
Le Pont du Tarn:** 1,5 km nördlich an der Straße nach Pont-de-Montvert, Tel. 04 66 45 18 26, Fax 04 66 45 26 43, campingpontdutarn@wanadoo.fr, lozere.net/pontdutarn.htm, April–Mitte Okt.
Gut ausgestatteter *Camping municipal* am Ufer des Tarn (180 Stellplätze, 11 Mobilehomes) mit Pool, Tennis, Minigolf, Spielplatz, Bar. Stellplätze zum Teil in der Sonne.

Chapeau Rouge: Rue Th. Roussel, Tel. 04 66 45 23 40.
In dem kleinen Restaurant mit schattiger Terrasse gibt es regionale Küche und Grillgerichte, die im Sommer gleich draußen zubereitet werden. Ganz frisch: die Forelle. Menüs 60–150 FF.
L'Adonis: 48, rue du Pêcher, Tel. 04 66 45 00 63, lozere.net/gorges-du-tarn.htm So abends sowie Allerheiligen–Ostern geschl.
Das (Hotel)Restaurant hält mehr, als das Aussehen verspricht: Der junge Küchenchef ist nach professioneller Haute-Cuisine-Ausbildung in seine Heimat zurückgekehrt. Ambitionierte Küche auf der Basis regionaler Zutaten (Steinpilze, Maronen, Ziegenkäse). Menüs 100–250 FF.
La Source du Pêcher: 1, rue de Rémuret, Tel. 04 66 45 03 01, lozere.net/Source-du-Pecher.htm, Allerheiligen–Ostern geschl.
Die schattige Terrasse direkt am Fluss ist ideal für lauschige Sommernächte, der regionalen Küche gibt der Gault-Millau 11 Punkte. Die Menüs (90–150 FF) kann man nur bis 20.30 Uhr bestellen, danach nur noch à la carte.
La Lozerette: s. Hotel, Di und Mi (mittags) geschl. sowie Allerheiligen–Ostern.
Einen kleinen Abstecher wert ist das Restaurant des gleichnamigen Hotels. Ausgezeichnete Fleisch- und Fischgerichte; mit Produkten und nach Rezepten der Lozère-Region. Gute Weinkarte, der Service ist ausnehmend freundlich. Menüs 110–250 FF.

Hätte ich doch jetzt ein Boot! Beim Blick in die Gorges de l'Ardèche

Maison du Pays Cévenol: 3, rue du Pêcher. Konfitüre, Käse, Säfte, Honig, Wolle und andere Produkte aus den Cevennen.
Atelier du Sucre et de la Châtaigne: Av. Jean Monestier, Produkte aus Kastanien und Honig.
Markt: Place de la Mairie, Do vormittags.

Bus: Nach Alès, Mende, Ste-Enimie.

Gorges de l'Ardèche

Lage: H 5

Zwischen Vallon-Pont-d'Arc und Rhône grub die Ardèche einen tiefen Canyon in das weiche Kalkgestein. Die weiten Mäander, gesäumt von steilen, bis zu 300 m hohen Felswänden, zählen zu den schönsten Flusslandschaften Frankreichs. 1980 wurde die Schlucht zum Naturreservat erklärt.

Corniche: An der Panoramastraße (D 290), die am oberen Felsrand am Fluss entlang führt, wurden zwölf Aussichtspunkte (*belvédères*) eingerichtet. Es empfiehlt sich, die Tour von Vallon-Pont-d'Arc Richtung St-Martin d'Ardèche zu unternehmen, da die Parkplätze dann in Fahrtrichtung liegen. Atemberaubend schön ist der Ausblick in den Canyon an den Belvédères du Serre de Tourre, de Gaud, de Gournier, de la Cathédrale!
Grotte des Tunnels: April–Sept. tgl. 9–20 Uhr, Eingang durch das Lokal. Tropfsteinhöhle mit unterirdischem See und Salle de la Vierge.
Grotte des Huguenots: Route du Pont d'Arc, Juni–Aug. tgl. 10–19 Uhr. Einst Zuflucht verfolg-

Grotten und Karsthöhlen

Höhlen heißen *aven*, wenn sie vertikal, *grotte*, wenn sie horizontal zugänglich sind. Im porösen Kalk versickern Niederschläge rasch, sammeln sich zu unterirdischen Flüssen und höhlen das Gestein aus. In Jahrmillionen bilden sich Stalagmiten und Stalaktiten.

Abîme de Bramabiau Wasserklamm mit unterirdischem Fluss nahe dem Mont Aigoual.
Aven Armand Tropfsteinhöhle auf dem Causse Méjean.
Aven Marzal Farbenprächtige Höhle mit prähistorischem Zoo und Museum der unterirdischen Welt auf dem Plateau des Gras.
Aven d'Orgnac Eine riesige Höhle mit einer Fläche von 3 ha und spektakulären, 50 m hohen Säulen südlich der Gorges de l'Ardèche.
Grotte de Dargilan Wegen ihrer Farbigkeit ›rosa Grotte‹ genannte Tropfsteinhöhle nahe Meyrueis auf dem Causse Noir.
Grotte de la Madeleine Tropfsteinhöhle mit bizarren Stalaktiten und Stalagmiten an der Panoramastraße der Gorges de l'Ardèche.

ter Protestanten. Ausstellung über Höhlenforschung.

Pont d'Arc: Der gewaltige natürliche Felsbogen, der die Ardèche nahe dem westlichen Schluchtende überspannt, ist wohl das meistfotografierte Motiv der Region.

Grotte de la Madeleine: April –Okt. 10–18, Juli, Aug. 9–19 Uhr. Tropfsteinhöhle am gleichnamigen Belvédère an der Panoramastraße; mit Son-et-Lumière (www.guideweb.com/ardeche/grotte/madeleine).

Grottes de St-Marcel: Mitte März–Juni, Sept. 10–17.30, Juli, Aug 10–18.30, Okt. 10–17 Uhr. Auch diese Tropfsteinhöhle wird von Son-et-Lumière-Effekten in Szene gesetzt. Ungewöhnlich: die terrassenförmigen Wasserbecken (*gours*), die ein wenig an Pamukkale in der Türkei erinnern (www.guideweb.com/ardeche/grotte/st.marcel).

SIGARN: Réserve Naturelle/Mairie, 07700 St-Martin d'Ardèche. Tel. 04 75 98 77 31, Fax 04 75 98 67 64, Internet: perso.wanadoo.fr/sigarn

Kieselstrände: An vielen Stellen bietet die Ardèche die Möglichkeit zum Baden. Der größte Strand am Pont d'Arc ist auch der meistbesuchte, da man mit dem Auto nah heranfahren kann.

Bootstour: Unvergleichlich schöner als von der Straße nur in den Canyon hinunterzuschauen ist die Flussabfahrt mit Kanu oder Kajak. Sportliche schaffen die 25 Stromschnellen (*rapides*) und circa 35 km in 7 Stunden; gemächlicher lässt sich die Landschaft bewundern, wenn man zwei oder drei Tage einplant. Dann kann man sich auch mal treiben lassen und an den mehrere hundert Meter fast senkrecht aufragenden Felswänden emporschauen. Rücktransport von Sauze (St-Martin-d'Ardèche). Achtung:

Naturschutz

Im geschützten Gebiet der Gorges de l'Ardèche (von Chames bis Sauze) sind Schlauchboote für mehr als 3 Personen, Motorboote und Surfbretter verboten. Man darf sich nicht länger als 3 Tage im Reservat aufhalten, für Biwaks wurden zwei Lagerplätze eingerichtet. Tagsüber darf man bis 18 Uhr fahren. Man darf kein Feuer machen, muss seinen Abfall mitnehmen.

Die Ardèche ist im Mai und Juni am sichersten, im Herbst oft unberechenbar, im Juli und August kann es zu Staus an den Stromschnellen kommen – allein in diesen beiden Sommermonaten passieren 90 000 Boote die Schlucht! Sobald der Wasserstand unter der Brücke von Salavas 0,8 m überschreitet, werden die Fahrten eingestellt. Preise hängen von der Dauer und der zurückzulegenden Stelle ab – pro Person circa 100 FF für 6 km, circa 170 FF für 25 km, bis zu 350 FF für 60 km (3 Tage). Rund 30 Verleiher gibt es in Vogüé, Ruoms, Vallon-Pont-d'Arc, St-Martin-d'Ardèche etc. Sinnvoll ist eine plastifizierte Karte der Schlucht. Schwimmwesten sind obligatorisch. Kindern unter 7 Jahren ist die Abfahrt nicht gestattet.
Wandern: Zu Fuß circa 8–12 Std., nur bei niedrigem Wasserstand möglich, da man an manchen Stellen die Ardèche durchqueren muss. Vorher erkundigen! Einige Passagen sind schwierig. Mit Übernachtung im Biwaklager Gaud oder Gournier kann man die Strecke auf zwei Tage verteilen.
Sentier botanique: Auf Höhe der Grottes St-Marcel, Naturlehrpfad (2,3 km).
Klettern: Aus Naturschutzgründen wurden die Kletterstellen in den Gorges beschränkt. Infos bei den lokalen Offices de tourisme.

Gaud und **Gournier:** Zwei Biwaklager mit Wasser, Sanitäranlagen und Grillplätzen, Mai–Sept., Biwak 25 FF, Rundzelt 45 FF. Voranmeldung erforderlich bei den Offices de tourisme von Vallon-Pont-d'Arc, St-Martin-d'Ardèche, Ruoms oder bei SIGARN.

Marathon: Mitte Nov., Kajak-Wettbewerb.

Gorges de la Dourbie

Lage: B 7

Die grüne Schlucht der Dourbie trennt Causse Noir und Causse du Larzac. Bei Millau mündet das forellenreiche, bisweilen recht lebhafte Flüsschen in den Tarn.

St-Véran: Adlerhorstdorf (*village perché*) über der Schlucht.
Cantobre: Das malerische Dorf thront auf steil abfallenden Felsen direkt an der Abbruchkante über dem Dourbie-Tal – ein postkartenschönes Fotomotiv.
Nant: Das Städtchen im Dourbie-Tal liegt dort, wo sich die enge Schlucht wieder öffnet, in einem landwirtschaftlichen ›Garten‹ mit Weinbergen und bewirtschafteten

Feldern. Sehenswert sind St-Pierre, die wehrhafte romanische Kirche, und die alte Markthalle, die unter ihren wuchtigen Arkaden Cafés und Bars Platz bietet – mit Blick auf den großen Platz.

Pont de la Prade: In einem schönen Bogen spannt sich die Brücke aus dem 14. Jh. bei Nant über die Dourbie.

Gorges du Trévézel: Die D 157 windet sich durch diese kleine Nachbarschlucht mit dem hübschen Dorf Trèves. Nach mehreren unterirdischen Kilometern fließt der Trévezel bei Cantobre in die Dourbie.

Ermitage St-Pierre: 11 km nordwestl. von Nant, in Revens, D 991 Richtung Millau, Tel. 05 65 62 27 99, moderat. Fünf Gästezimmer in einem romanischen Priorat, umgeben von 23 ha Park am Ufer der Dourbie (DZ 300–375 FF).

Gorges de la Jonte

Lage: B/C 6

Unbekannter als die benachbarte Schlucht des Tarn sind die Gorges de la Jonte – aber nicht weniger schön. Im Abendlicht färben sich die Kalkfelsen hoch über der Jonte rosa, ein Anblick, den man etwa genießen kann, wenn man von Meyrueis die Serpentinenstraße (D 986) hinauf auf den Causse Méjean fährt. Aber auch von der Straße durch das Tal (D 996) bieten sich wunderbare Ausblicke. Die Jonte entspringt an der Nordflanke des Mont Aigoual. Fährt man flussabwärts von Meyrueis Richtung Le Rozier, wird der Canyon zwischen Causse Méjean und Causse Noir immer enger, je mehr er sich der Tarn-Schlucht nähert.

Le Rozier-Peyreleau: Der Doppelort am Zusammenfluss von Tarn und Jonte liegt dort, wo auch Causse Méjean, Causse Noir und Causse de Sauveterre aneinander grenzen. Das macht ihn zum günstigen Ausgangspunkt für Auto-, Fahrrad- oder Wandertouren, und auch die Zeltplätze hier sind ein beliebter Standort. Einen kleinen Spaziergang wert: die romanische Kirche aus dem 12. Jh. in Le Rozier.

Belvédère des Vautours: Le Truel, 48150 St-Pierre des Tripiers, Mitte März–Mitte Nov. 10–18, Mitte Juni–Aug. 10–19 Uhr
Per Video (eine Kamera überträgt Bilder auf eine große Leinwand), Ausstellung und Fernrohr auf der Aussichtsterrasse können die hier in den Gorges de la Jonte wieder angesiedelten Geier beobachtet werden. Hier (oder im Büro in Peyreleau) bietet die LPO (Ligue pour la Protection des Oiseaux) auch geführte Touren an, bei denen Geier und andere Vögel beobachtet werden.

Arcs de St-Pierre: Natursteinbögen an der Straße nach St-Pierre-des-Tripiers. Auch der Blick von der Straße hinunter auf das Dörfchen Le Truel ist eindrucksvoll.

Gite Evolutions: in Le Rozier-Peyreleau, Tel. 05 65 62 60 93, Fax 05 65 62 64 15, April–Okt. Flusstrekking, Mountainbike, Klettern, geführte Wanderungen.

Wandern: Die Corniche du Causse Noir ist ein Wanderweg am Rand der Steilhänge entlang (mit mehreren Varianten). Eine andere Tour führt zu den von der Erosion bizarr geformten Felsen **Vase de Sèvres**

und **Vase de Chine:** Nur für Schwindelfreie! Karte IGN 2640 OT
Klettern: am Rocher de Capluc in den Gorges de la Jonte.

Gorges du Tarn

Lage: B/C 5

Der Tarn, der am Mont Lozère entspringt, hat sich tief in das Kalkgestein der Causses eingegraben und eine grandiose Schlucht geformt. Zwischen Ispagnac und Le Rozier erreichen die steilen Felswände an manchen Stellen eine Höhe bis zu 500 m. Rechts und links erstrecken sich die Hochflächen des Causse de Sauveterre und des Causse Méjean. Bei Le Rozier-Peyreleau, am Zusammenfluss von Tarn und Jonte, beginnt das Tal sich zur Ebene zu öffnen. Erst 1906 wurde die Straße durch die Schlucht fertig gestellt; zuvor waren die flachen Barken der Flussschiffer das einzige Transportmittel. Kein Wunder angesichts der Schönheit der Gorges du Tarn: Im Juli und August ist auf allen Campingplätzen, an den Verleihstellen für Kanus und Kajaks und auf der Straße der Teufel los.

Bei St-Chely und Ste-Enimie. Da es kaum Parkmöglichkeiten in der ganzen Schlucht gibt, ist die Auswahl leicht zugänglicher Badestellen zumindest für Autofahrer eingeschränkt.

Wandern: Am linken Ufer (die Straße bleibt die ganze Zeit am rechten Ufer) an den Steilhängen entlang. Für das Teilstück zwischen St-Chély-du-Tarn und La Malène benötigt man circa 3 Std. (gelb-grüne Markierung).

Kanu & Kajak: Der Tarn wird nach heftigen Gewittern schnell zum reißenden Fluss, gehört ansonsten aber zur Kategorie leichterer Wildwasser. Im Sommer fließt er an den meisten Stellen langsamer und ist nur knöchel- oder knietief. Die beste Zeit ist von Mai bis Juni. Startpunkte z. B. in Prades, Ste-Enimie, La Malène. Man kann Boote für unterschiedlich lange Strecken mieten – von circa 6 km bis zu 70 km je nach Veranstalter. Preise pro Person circa 70 FF für 5 km, 90 FF für 9 km, 110 FF für 13 km, 140 FF für 20 km. Für den Rücktransport zur Abfahrtsstelle wird gesorgt.
Bateliers: Tel. 04 66 48 51 10, Fax 04 66 48 52 07, April–Okt. Bootsfahrt (4–5 Plätze) mit Flussschiffern durch die Tarn-Schlucht bis zum Cirque des Baumes (8 km, circa 1 Std.).

Ispagnac: Hübsches Dorf am Beginn der Tarn-Schlucht mit einigen Renaissancehäusern, einer romanischen Kirche (12. Jh.) mit achteckigem Glockenturm und schöner Rosette. Hier ist der Talboden noch etwas weiter, so dass im ›Garten der Lozère‹ Wein, Obst und Gemüse angebaut werden.
Quézac: Zu dem Ort, aus dem das gleichnamige Mineralwasser stammt, führt eine Brücke mit fünf Bögen aus dem 14. Jh.
Castelbouc: Tief unten in der nun enger gewordenen Tarn-Schlucht quetschen sich eine Hand voll Häuser unter die überhängenden Felsen, auf die man von der D 907bis hinunterschaut.
Prades: Die Burg überwachte einst das Tal und schützte das Kloster in Ste-Enimie.
Ste-Enimie: Mitten in der Schlucht schmiegt sich eines der

Castelbuoc in den Gorges du Tarn

schönsten mittelalterlichen Dörfer Frankreichs an die halbkreisförmigen Felsen einer großen Tarn-Schleife. Der Legende nach wurde hier im 6. Jh. die merowingische Prinzessin Enimie im Wasser einer Quelle von der Lepra geheilt; die Schwester König Dagoberts gründete daraufhin ein Kloster. Ein Spaziergang durch die kopfsteingepflasterten Gässchen, die am Hang hinaufsteigen, führt vorbei an liebevoll restaurierten Häusern zur romanischen Kirche Notre-Dame, zur Halle au Blé oder zum kleinen Museum Le Vieux Logis, in dem ein Interieur aus dem 19. Jh. rekonstruiert wurde. Das Dorf ist zudem auch viel besucht, weil sich hier die Straße über Causse Méjean und Causse de Sauveterre mit der durch die Schlucht kreuzt und so einen touristischen Knotenpunkt für Wanderungen, Flusstrekking, Rad- oder Motorradtouren bildet. Im Sommer sehr überfüllt, lässt sich der Charme des Ortes leichter im Juni oder September erspüren.

La Malène: Im kleinen Ort in der Tarn-Schlucht gibt es ein hübsches Manoir aus dem 17. Jh. und eine romanische Kirche.

St-Chély-du-Tarn: Zauberhaftes Miniaturdorf, zu dem nur eine schmale Brücke führt. Ein Wasserfall stürzt sich direkt daneben in den Tarn.

Roc des Hourtous und **Roc du Serre:** Zu den Aussichtspunkten am anderen Ufer überquert man den Tarn und fährt die D 43 steil hinauf.

Die malerische, restaurierte Häusergruppe von **Hauterives** liegt isoliert am linken Ufer. Mit dem Engpass **Les Détroits** (kleines Belvédère gegen Eintritt), dem **Cirque des Baumes** und dem **Pas du Souci,** wo enorme Felsblöcke im Flussbett liegen, folgt der imposanteste Streckenabschnitt der Schlucht.

Point Sublime: 11 km über D 995, D 46, Aussichtspunkt auf dem Causse de Sauveterre mit herrlichem Blick über die Schlucht.

Office de tourisme: 48320 Ispagnac, Place de la Mairie, Tel. 04 66 44 20 89.
48210 Ste-Enimie, in der Mairie, an der Straße nach Mende, Tel.04 66 48 53 44, Fax 04 66 48 52 28.
48210 La Malène, Mairie, im Sommer an der Brücke, Tel. 04 66 48 51 16.

Auberge de la Cascade: in 48210 St-Chély-du-Tarn, Tel. 04 66 48 52 82, Fax 04 66 48 52 45, moderat.
Kleines Hotel auf der der Straße gegenüberliegenden Seite der Schlucht. Mit Pool direkt oberhalb des Tarn, zum Teil im neueren Annex-Gebäude. Im Juli, Aug. nicht unbedingt zu empfehlen, da dann Halbpension leider Pflicht ist (DZ 200–280 FF).
Hôtel de la Muse et du Rozier: Tel. 05 65 62 60 01, Fax 05 65 62 63 88, info@hotel-delamuse.com, www.hotel-delamuse.com, März–Nov., teuer.
Das komfortable Drei-Sterne-Hotel (Best Western) liegt an der Straße durch die Tarn-Schlucht direkt am Fluss (Zimmer zur Garten-Seite erbitten). Garten, Pool, 38 große Zimmer mit Blick auf Berge und Tarn (450–900 FF).
Château de la Caze: Tel. 04 66 48 51 01, Fax 04 66 48 55 75, chateau.de.la.caze@wanadoo.fr, Mitte März–Mitte Nov., teuer/Luxus.
Im spätmittelalterlichen Schloss unterhalb der Straße durch die Tarn-Schlucht werden 12 elegante, überhaupt nicht plüschig eingerichtete Zimmer (500–950 FF) und 7 Appartments (750–1400 FF) an Gäste vermietet. Die Decke des ›Nymphenzimmers‹ wurde im 17. Jh. mit den Porträts von acht Schlossherrinnen bemalt. Mit Pool und direkt am Fluss. Das Restaurant gehört zu den besten der Region.
Camping
Le Pré Morjal*:** 48320 Ispagnac, Tel. 04 66 44 23 77, Fax 04 66 44 23 99, April–Okt.
Camping municipal am Tarn, 123 Stellplätze. Mit Bungalows, Pool, Animation. Hier am Beginn der Schlucht, wo das Tal noch weiter ist, sind auch die Stellplätze geräumiger als auf den Campings zwischen La Malène und Les Vignes.

Manoir de Montesquiou: in La Malène, Tel. 04 66 48 51 12.
Restaurant in einem Herrenhaus (*manoir*) aus dem 16. Jh. (auch Hotel), hier werden die Gerichte der Lozère edel verfeinert (Menüs 170–260 FF).

Markt: Mo vormittags in La Malène.

Wallfahrt zur Ermitage: 6. Okt. in Ste-Enimie

Bus: Ab Ste-Enimie nach Florac, Millau.

Joyeuse

Lage: G 4
Postleitzahl: 07260
Einwohner: 1400

Die Stadt verdankt ihren Namen ›Die Fröhliche‹ nicht ihrem Charakter, sondern Karl dem Großen, der hier bei einer Frau fröhliche Stunden verbracht haben soll. Zu Fuß kann man zur *vieille ville* hinaufsteigen. Dominiert wird die Altstadt vom ehemaligen Schloss, in dem heute die Mairie untergebracht ist.

Joyeuse

Musée de la Châtaigneraie: Parvis de l'Eglise, im Sommer Mi–Mo 9–12, 14–18 Uhr, Di geschl.
Das Esskastanienmuseum im Couvent des Oratoriens neben der Kirche dokumentiert die Rolle des ›Brotbaums‹ für die Region (Werkzeug, Mobiliar aus Kastanienholz).

Gorges de la Beaume: Mehrere Badestellen an der Beaume nördlich von Joyeuse entlang der D 203 (zum Beispiel Petit Rocher, im Sommer überwacht).

Office de tourisme: D 104, Tel. 04 75 39 56 76, Fax 04 75 39 58 87.

Les Cèdres: La Glacière, Tel. 04 75 39 40 60, Fax 04 75 39 90 16, hotel.cedres@wanadoo.fr, www.hotelcedres.com, Mitte Okt.–Mitte April geschl., moderat/teuer (DZ 350–550 FF). Das Logis de France-Hotel mit 45 Zimmern liegt am Ortseingang (um Zimmer zum Garten bitten) direkt am Fluss Beaume. Pool, Fahrradverleih. Im Restaurant französische und regionale Küche, Menüs zu 75, 125 und 180 FF. Gutes Preis-Leistungs-Verhältnis, auch das günstigste Menü kann man ohne weiteres bestellen.

Markt: Mi vormittags.
Flohmarkt: 3. Aug.-Wochenende.

Bus: Nach Largentière, Les Vans, Aubenas.

Largentière

Lage: G 3/4
Postleitzahl: 07110
Einwohner: 2000

Die Altstadt von Largentière ist noch gut erhalten. Das Örtchen im Tal der Ligne lebte seit dem Mittelalter von Minen, in denen Silber (*argent*) abgebaut wurde. Aber es hat nicht die düstere Tristesse einer Bergwerksstadt. Enge, kopfsteingepflasterte Gassen, schöne alte Bürgerhäuser, ein arkadengesäumter Platz und darüber die imposante Burgruine ergänzen sich zu einem noch mittelalterlich wirkenden Stadtensemble.

Porte des Récollets: Durch das Stadttor aus dem 15. Jh., Überrest der einstigen Stadtmauer, gelangt man in die Altstadt.

Château: Oberhalb der Häuser am Hang wacht das Schloss über Stadt und Tal. Heute beherbergt es ein Briefträger-Museum.

Montréal: Das befestigte Dörfchen mit imposantem Donjon aus dem 12. Jh. thront auf einem steilen Hügel hoch über dem Flüsschen Ligne.

Vinezac: Befestigtes Dorf mit hübscher romanischer Kirche, Stadtmauerresten, engen Gässchen inmitten von Weinfeldern. Weitere *villages fortifiés* nahebei sind **Chassiers, Sanilhac, Tauriers** und **Joannas.**

Tour de Brison: Viereckiger ›Sarazenenturm‹, der heute als Ausguck für den Brandschutz dient. Panoramablick!

Office de tourisme: Tel. 04 75 39 14 28, Fax 04 75 39 23 66.

Le Chêne Vert: 5 km nördlich in Rocher, Tel. 04 75 88 34 02, Fax 04 75 88 33 85, Nov.–März geschl., moderat.
Kleineres, familiäres Hotel mit 25 modern eingerichteten Zimmern (300–390 FF); im Annex etwas größer als im alten Gebäude. Trotz der Lage an der Straße eine ruhige Unterkunft. Mit Pool. Im rustikalen Restaurant gibt es Spezialitäten aus der Ardèche.

Auberge de la Tour Brison: Sanilhac, Tel. 04 75 39 29 00, Fax 04 75 39 19 56, cbelin@planet.net, www.i-s-f.com/tourism/tdb, Mitte Jan.–Mitte März geschl., moderat.
Die Zimmer sind zum Teil mit Whirlpool ausgestattet oder haben eine Schlafempore (DZ 300–390 FF). Auf dem Gelände gibt es Pool und Tennis, außerdem werden Ferienhäuser für bis zu 12 Personen vermietet.

La Bastide du Soleil: in Vinezac, 8 km östlich, Tel. 04 75 36 91 66, Fax 04 75 36 91 59, Jan., Feb. geschl., teuer.
Sechs Zimmer in einem liebevoll restaurierten Château aus dem 17. Jh. in dem mittelalterlichen Dörfchen Vinezac (DZ 490–680 FF; Wochenend-, Flitterwochentarife). Die farbenfrohe Einrichtung und hervorragende Markt-Küche im Restaurant lassen provenzalische Einflüsse erkennen (Menüs 100–270 FF; Di, Mi geschl. außer im Juli, Aug.).

Auberge de Joannas: 4 km, in Joannas, Tel. 04 75 88 33 87.
Das Restaurant im mittelalterlichen, hohen Gewölbesaal des Schlosses bietet Spezialitäten der Ardèche und aus Lyon.

Markt: Di vormittags; Juli, Aug. Fr abends ab 18 Uhr in der Altstadt *marché nocturne*.

Fête médiévale: Mitte Juli.

Bus: Nach Aubenas, Joyeuse, Les Vans.

Massif du Tanargue

Lage: F/G 3

Mit Höhen bis zu 1500 m ist das Tanargue-Massiv die raueste und wildeste Landschaft der Cevennen. Edelkastanien und Buchenwälder wachsen auf Granit- und Gneishängen; durch tiefe Täler schlängeln sich kleine Straßen und Wildbäche. Ein ideales Terrain für Wander-, Mountainbike- und Canyoningtouren, weitab vom touristischen Trubel der Gorges de l'Ardèche.

St-Etienne-de-Lugdarès: Die eindrucksvolle polychrome ›Kathedrale der Berge‹ wurde aus Vulkangestein erbaut.
Col de Meyrand: Vom Pass in 1371 m Höhe schöner Panoramablick.

Canyoning: In den Gorges de la Borne. Infos beim Office de tourisme in St-Etienne-de-Lugdarès.

Klettern: Bei Les Chambons und bei Montselgues.

Office de tourisme: St-Etienne-de-Lugdarès, Tel. 04 66 46 65 36.

Foire aux produits régionaux: 14. Aug. in St-Etienne-de-Lugdarès. Wein, Käse, Wurstwaren, Schinken, Bioprodukte, Brot, Honig von Produzenten und Bauern der Region.

Mende

Lage: C 4
Postleitzahl: 48000
Einwohner: 11 300

Die kleine Hauptstadt des dünn besiedelten Départements Lozère war einst Umschlagplatz und Verarbeitungsstätte für die Produkte der Schafzucht, dem entscheidenden wirtschaftlichen Faktor auf den Causses. Bis ins 19. Jh. war es

Madame Jeanne und ihre Ziegen in den Tanargue-Bergen

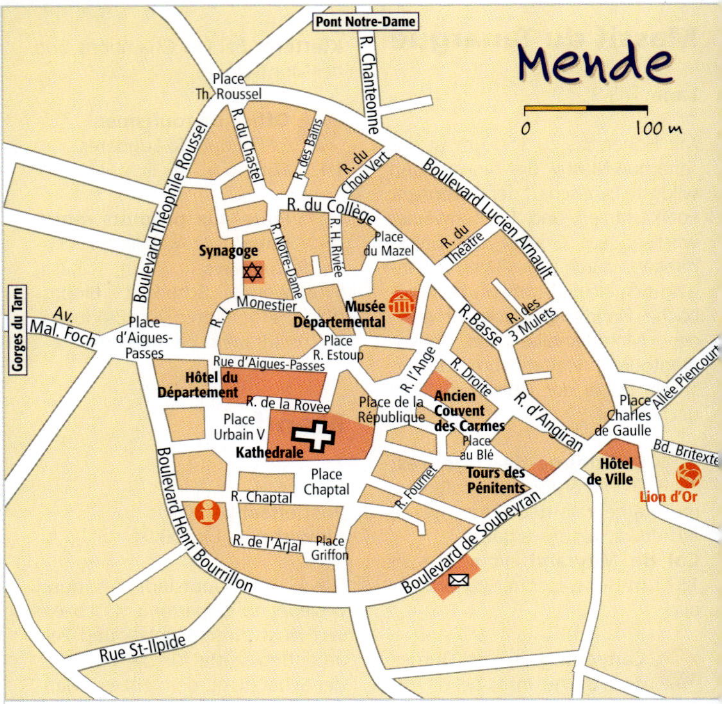

vor allem die Wolle, die in den Orten an Lot und Tarn zum Lebensunterhalt beitrug, während die Häute in Millau verarbeitet wurden. Heute setzt Mende – in unmittelbarer Nähe zum Cevennen-Nationalpark und den Gorges du Tarn – vor allem auf den Aktivtourismus.

Vieille Ville: An Stelle der alten Stadtbefestigung umgibt ein ringförmiger Boulevard die Altstadt. Innerhalb dieses abgerundeten Dreiecks sind fast alle Sträßchen Fußgängerzone. Ein Spaziergang durch die mittelalterlichen Gassen und Straßen lohnt sich – gerade in den letzten Jahren wurde viel restauriert. Ein vorbildlich ausgeschilderter Rundgang (Faltblatt beim Office de tourisme) führt zu sehenswerten Bürgerhäusern und kleinen gepflasterten Plätzen, zur Tour des Pénitents (Büßerturm), zum Lavoir de la Calquière (Waschhaus), zur Fontaine du Griffon (Brunnen) auf dem gleichnamigen Platz und ins jüdische Viertel mit Synagoge.

Kathedrale Urbain V.: Die im 14. Jh. erbaute imposante Kathedrale besitzt noch eine romanische Krypta. Die beiden unterschiedlichen Turmspitzen in Flamboyantgotik wurden erst im 16. Jh. errichtet. Im Innern der Kirche ist der große Klöppel der Glocke ›Nonpareille‹ zu sehen, der 470 kg wiegt und 2,20 m hoch ist.

Pont Notre-Dame: Die schmale gotische Brücke aus dem 13. Jh. über den Lot hat schon heftige Hochwasser überstanden.

Musée Départemental: Rue de l'Epine. Das Museum zu Geschichte und Traditionen der Region wird renoviert.

Wanderung: Vier markierte Naturlehrpfade (1.30, 2.15, 3.30, 4.15 Std.) ab Ermitage St-Privat.
Golf du Sabot: Routes des Gorges du Tarn, 48500 La Canourgue, Tel. 04 66 32 84 00, Fax 04 66 32 88 14, 9 Löcher.

La Canourgue: Das hübsche Örtchen liegt unweit des Lot am Flüsschen Urugne. Die romanische Kirche St-Martin aus dem 11. Jh. gilt als eine der schönsten des Gévaudan. Im Sommer ist La Canourgue eine beliebte Etappe zwischen Lot- und Tarn-Tal, Aubrac und Causses.

Office de tourisme: 14, bd. Henri Bourillon, Tel. 04 66 65 02 69, Fax 04 66 65 02 69.

Le Lion d'Or: 12–14, bd. Britexte, Tel. 04 66 49 16 46, Fax 04 66 49 23 31, März–Dez., moderat.
Das Hotel liegt zwar an der befahrenen Straße nach Langogne (man sollte um Zimmer nach hinten bitten), ist aber das beste am Ort. Die 40 Zimmer sind groß und hell, der Service ist freundlich (DZ 340–490 FF). Seit ein neuer Koch der Küche vorsteht, ist auch das Restaurant sehr zu empfehlen – der Gault Millau bewertet die Küche mit 13 Punkten. Vorzügliche Fischgerichte und Desserts (Menüs 110–190 FF).

Les Artisans et Paysans de la Lozère: 4, rue de l'Ange. Genossenschaft von Kunsthandwerkern und Bauern, die deren Produkte verkauft. Im ehemaligen Couvent des Carmes.

Markt: Mi und Sa (groß) vormittags, auf dem Vorplatz und seitlich der Kathedrale (Place Chaptal).
Trödelmarkt: Ende Juli, **Kunsthandwerksmarkt:** Mitte Aug.

Journées folkloriques: Anfang Juli.
Halb-Marathon Mende-Marvejols: Ende Juli.
Mendemille: Anfang Aug., Straßenspektakel, Son et lumière.
Grandes Fêtes de Mende: zweite Augusthälfte.

Bus: Nach Florac, Alès, Ste-Enimie. **Bahnhof:** Tel. 04 66 49 00 39.

Meyrueis

Lage: C 6
Postleitzahl: 48150
Einwohner: 1050

Zwischen den Kalkplateaus von Causse Noir und Causse Méjean liegt Meyrueis im Tal der Jonte, in die hier auch Béthuzon und Brèze fließen. Gemütlich oder zumindest irgendwie gelassen wirkt der Ort, obwohl mehrere große Hotels davon zeugen, dass der Tourismus hier eine Rolle spielt. Am Quai Sully kann man unter alten Platanen oder auf Brücken überm Fluss Café trinken oder Crêpe essen. Im Uhrturm aus dem 13. Jh. befindet sich das Syndicat d'Initiative.

Sentier St-Gervais: Die Wanderung (8 km, 4 Std., Karte IGN 2640 OT) führt vom Museumsbauernhof in Hyelzas

über die Steilkante des Causse Méjean hinunter in die Gorges de la Jonte und über Douzes zurück.
Centre de vol à voile du Méjean: 48150 Hures-la-Parade, Tel. 04 66 45 15 46 (9–12 Uhr). Segelflug(schule).
Fremyc: Tel. 04 66 45 61 04. Kanu, Canyoning, Wandern, Mountainbike, Klettern.
Centre équestre de l'Aigoual: 500 m in Pradines, Tel. 04 66 45 66 66. Reiterhof.
Klettern: im Jonte-Tal beim Campingplatz Le Capelan.

Château de Roquedols: 3 km südöstl. über D 986, dann links, im Tal des Béthuzon, Juli, Aug. Di–Sa 9.30–12.30, 15–18.30, Mo 15–18.30, So 9.30–12.30 Uhr.
Das wehrhaft wirkende Schlösschen (15.–16. Jh.) beherbergt im Sommer Ausstellungen des Nationalparks.
Grotte de Dargilan: 8,5 km auf D 39 und D 139, Ostern–Allerheiligen 9–12, 13.30–18, Juli, Aug. 9–19, Okt. nur bis 17 Uhr.
Die große Tropfsteinhöhle auf dem Causse Noir wird wegen ihrer Farbigkeit auch ›rosa Grotte‹ genannt. Sehenswert: die 142 m hohe Salle du Chaos, die Salle de la Mosquée und die versteinerte Grande Cascade.
Aven Armand: 11 km nordwestl., D 986, dann links, April, Mai tgl. 9.30–12, 13.30–18, Juni–Aug. 9.30–19, Sept., Okt. 9.30–12, 13.30–17.30 Uhr, www.aven-armand.com
Eine Drahtseilbahn fährt hinunter in die riesige Tropfsteinhöhle auf dem Causse Méjean, die 1897 entdeckt wurde. Wie fantastische steinerne Bäume oder weiße Tellerstapel wirken die Stalagmiten des ›Forêt Vierge‹; mit Höhen von 15–30 m gehören einige zu den höchsten der Welt.
Hyelzas/Ferme caussenarde: 14 km nordwestl., D 986, dann links Richtung Aven Armand, in Hyelzas, Juli, Aug. tgl. 10–19, April–Juni, Sept. 10–12, 14–18, Okt. 10–12, 15–17 Uhr.
Der restaurierte Museumsbauernhof ist ein typisches Gehöft der Causses und eines der *écomusées* des Nationalparks. Hier wird an das harte Bauernleben vom 18. Jh. bis in die 1950er Jahre erinnert.
Nîmes-le-Vieux: 15 km nordöstl., D 996 bis Col de Perjuret. Das ›Felsenchaos‹ beim Weiler Le Veygalier oben auf dem Causse Méjean ist eine fantastische Anhäufung riesiger, verwitterter Gesteinsklötze. Ein markierter Weg führt durch das umzäunte Gelände.

Syndicat d'Initiative: Tour de l'Horloge, Tel. 04 66 45 60 33.

Hotels: In der Nebensaison scheint es, als gäbe es hier ein Überangebot an Hotels, fast alle recht groß und in der mittleren Preisklasse. Doch im Sommer belegen hier Rad- und Motorradfahrer, Wanderer und Kletterer jedes Zimmer.
Auberge le Chanet: in 48150 Nivoliers, Tel. 04 66 45 65 12, Fax 04 66 48 05 33, lechanet@bigfoot.com, www.cevennes.com/chanet.html, preiswert.
Mitten auf dem Causse Méjean im Weiler Nivoliers werden in einem renovierten Bauernhof fünf Gästezimmer vermietet (145–185 FF), außerdem Gîte d'étape.
St-Sauveur: Place Jean Séquier, Tel. 04 66 45 62 12, Fax 04 66 45 65 94, Ostern–Nov., preiswert.

Ein liebenswert altmodisches Provinzhotel in einem Haus aus dem 18. Jh. (DZ 200–230 FF). Auf der schattigen Terrasse vor dem Haus oder im Speisesaal mit Blümchentapete und Stilmöbeln gibt es regionale Gerichte.

Château d'Ayres: 2 km außerhalb, Tel. 04 66 45 60 10, Fax 04 66 45 62 26, www.oda.fr/aa/chateau-d-ayres, April–Mitte Nov., teuer.
Das hübsche Herrenhaus (einst ein Kloster) bei Meyrueis liegt in einem kleinen Park; die 21 Zimmer (520–970 FF) sind geräumig und ruhig. Mit Pool und Tennis. Das Restaurant (Menüs 110–270 FF) offeriert auch ein *menu caussenarde* mit regional inspirierten Gerichten. Einen Abstecher wert! Im Juli und Aug. nur mit Halbpension.

Camping

Le Capelan*:** 2 km nordwestlich von Meyrueis an der D 996. Tel./Fax 04 66 45 60 50, camping.le.capelan@wanadoo.fr, Mai–Mitte Sept.
Campingplatz mit Pool in eindrucksvoller Lage an der steilen Felswand im Jonte-Tal. 100 Stellplätze, auch Mobilehomes werden vermietet.

Konzerte: Juli, Aug. im Aven Armand. Unterirdisch ein ganz besonderes Erlebnis.

Bus: Nach Millau.

Millau

Lage: A 7
Postleitzahl: 12100
Einwohner: 21 800

Ledergerberei und Handschuhherstellung bildeten jahrhundertelang die Haupterwerbsquellen für die Einwohner von Millau, das schon zum Département Aveyron gehört. Noch heute heute gibt es überdurchschnittlich viele Leder-

Ihnen kann man vertrauen: Roquefort-Spezialisten in Millau

geschäfte – und ein Museum zum Thema. Allerdings hat die Handschuhherstellung durch die veränderte Mode ihre Rolle eingebüßt. Heute werden auch Lederbekleidung, Schuhe, Taschen und Möbelbezüge produziert. Die belebte Kleinstadt am Fuße der Causses wirkt schon mediterran – von hier sind es kaum noch 80 km bis zum Mittelmeer. Die Lage nahe der Tarn-Schlucht hat Millau auch zum beliebten Stützpunkt für Outdoor-Aktivitäten gemacht: Paragliding, Wandern, Klettern, Flusstrekking uva. werden hier von mehreren Veranstaltern angeboten. Die noch relativ neue Autobahn A 75 von Paris nach Montpellier wird dies sicher noch verstärken.

Altstadt: Die *vieille ville* hat etwa die Form eines Trapezes, rundherum führt ein Boulevard. Es lohnt sich, die Gassen – fast alle Fußgängerzone – zu durchstreifen. Hauptachse und -einkaufsstraße ist die Rue Droite.
Beffroi: Juni–Sept. Vom achteckigen Turm schöner Blick auf Millau.
Place du Maréchal Foch: Der hübsche Platz mit überdachten Arkaden liegt in der Altstadt von Millau.
Vieux Moulin: Die Wassermühle (15. Jh.) am Tarn wurde auf einer alten Brücke aus dem 12. Jh. erbaut, von der nur noch zwei Bögen stehen.

Musée de Millau: Place du Maréchal Foch, Sept.–März Mo–Sa 10– 12, 14–18, Juli, Aug. 10–18 Uhr.
Im Hôtel de Pégayrolles, einem Palais aus dem 18. Jh., befinden sich eine eindrucksvolle Sammlung von Töpferwaren aus Graufesenque, ein archäologisches Museum sowie eine Ausstellung zur Gerberei und Handschuhproduktion. Die Technik wird in einem nachgebauten Atelier vorgeführt. Bestickte, mit Federn, Perlen u.a. verzierte Exemplare – vom gefütterten Winterfäustling bis zum eleganten Abendhandschuh – lassen leise Melancholie darüber aufkommen, dass die Mode sich geändert hat.

Outdoor: Antipodes, 21, bd. Sadi Carnot, Tel. 05 65 60 72 03, Fax 05 65 60 72 10, Wasserwanderungen, Flusstrekking, Rafting, Kanu/Kajak; geführte Wanderungen, Klettern, Mountainbike-Verleih und -kurse.
Roc et Canyon, 55, av. Jean Jaurès (im Sommer Route de Nant), Tel. 05 65 61 17 77, Fax 05 65 60 84 57, geführte Wanderungen, Klettern, Mountainbike, Wasserwanderungen, Flusstrekking, Rafting, Kanu/Kajak, Bungee.
Horizon Loisirs Sportifs, 6, place Lucien Grégoire, Tel. 05 65 59 78 60, Fax 05 65 59 78 59, www.millau-vol-libre.com, Canyoning, Klettern, Spéléo.
Drachen & Gleitschirm: Evasion Vol Libre, 21, av. de la République, Tel. 05 65 59 15 30, Fax 05 65 61 26 22; Roc et Canyon, s. o.; Millau Vol Libre, 6, place Lucien Grégoire, Tel. 05 65 60 83 77, Fax 05 65 59 78 59; Ailes Passion, 12, av. Gambetta, Tel. 05 65 61 20 96, Fax 05 65 60 04 59; Horizon Loisirs Sportifs s.o; Antipodes s.o.

Graufesenque: 1 km südlich, tgl. 9–12, 14–18.30 Uhr. In der gallo-römischen Zeit gab es hier mehrere Töpferwerkstätten, die bei Ausgrabungen zum Teil freigelegt wurden und in denen im großen Stil Tonwaren hergestellt wurden. In den riesigen Öfen konnten bis zu 30 000 Stück auf einmal gebrannt werden.
Roquefort: Roquefort Société, Tel. 05 65 59 93 30, Juli, Aug. tgl. 9.30–18.30, sonst 9.30–11.30, 14–17 Uhr. Ein wahres unterirdisches Labyrinth aus natürlichen Höhlen wird heute als Käsekeller genutzt. Hier reift der berühmte Blauschimmelkäse aus Schafsmilch.
Montpellier-le-Vieux: 18 km nordöstl., über D 110, April–Okt. tgl. 9.30–18 Uhr. Ein Touristenbähnchen karrt Besucher durch das ›Felsenchaos‹ auf dem Causse Noir über der Dourbie-Schlucht, das aus der Ferne einst an die Stadt Montpellier erinnerte. Für Fußgänger sind unterschiedlich lange Touren farbig markiert – das Felsenmeer ist beträchtlich größer

als das Chaos Nîmes-le-Vieux. Den von der Erosion bizarr geformten Felsen verleihen Namen wie Krokodil, Sphinx oder Bärenkopf Leben. Das ›Tor von Mykene‹, ein natürlicher Felsbogen, scheint fast in der Luft zu schweben.

Office de Tourisme: Av. Alfred Merle, Tel. 05 65 60 02 42, Fax 05 65 61 36 08.

Château de Creissels: 2 km südlich in Creissels, Route de St-Affrique, Tel. Hotel 05 65 60 16 59, Tel. Rest. 05 65 60 31 79, Fax 05 65 61 24 63, Hotel Jan.–Mitte Feb. geschl., Rest. So abends, Mo mittags geschl., moderat.
Das Schloss in einem Dörfchen südlich von Millau bietet 31 unterschiedlich große Zimmer im alten Hauptgebäude oder im neuen Annex (300–420 FF). Der Empfang ist freundlich, das Frühstück kann man auf der Terrasse im Park einnehmen und für abends ist das Restaurant mit gehobener regionaler Küche zu empfehlen: drinnen im gewölbten Wachsaal, im Sommer auch auf dem überdachten Balkon mit Blick auf das Tarn-Tal (reservieren!). Menüs 120–230 FF.
Jugendherberge
FJT Sud Aveyron Accueil: 26, rue Lucien Cosles, Tel. 05 65 61 27 74, Fax 05 65 61 90 58.

Braconne: 7, place Maréchal Foch, Tel. 05 65 60 30 93, So abends, Mo geschl. Kleines Restaurant in einem Saal mit Gewölbe aus dem 13. Jh. am schönsten Platz von Millau. Grillgerichte und regionale Spezialitäten, Menüs 100–200 FF.

Leder: Zahllose Ledergeschäfte, z. B. die alteingesessene Maison Fabre (18–20, bd. Gambetta), bieten eine große Auswahl an Taschen und Handschuhen (vieles aus Schafsleder).
Markt: Mi und Fr, im Juli und Aug. Mo abends, am 1. Nov.-Wochenende ländlicher Herbstmarkt.

Millau sur scène: 1. Juli-Hälfte, Tanzfestival.

Bus: Nach Meyrueis und Ste-Enimie. **Bahnhof:** Tel. 04 65 60 11 65.

Mont Aigoual

Lage: D 7

Auf den 1567 m hohen Gipfel führt nicht nur ein Wanderweg, sondern auch eine Straße hinauf. Oben auf dem Berg liegt eine Wetterstation. Beeindruckend ist die Fernsicht an klaren Tagen, wenn der Mont Aigoual sich einmal nicht in Nebel hüllt: Mit etwas Glück reicht der Ausblick über ein Meer gewellter Bergkämme bis zu den Alpen, zum Mittelmeer und den Pyrenäen. Aber auch den Beinamen *Montagne de l'Eau* hat sich der Berg verdient – mit 2240 mm Niederschlägen pro Jahr, einem der höchsten Werte in ganz Frankreich.

Observatoire météo: Mai–Sept. 10–19 Uhr, Tel. 04 67 82 60 01, aigoual@meteo.fr, Eintritt frei.
Die Ende des 19. Jh erbaute Wetterstation liefert Météo France Klimadaten und zeichnet Windgeschwindigkeiten auf, die hier oft mehr als 100 km/h und Spitzenwerte von 250 km/h erreichen.
Hort-de-Dieu: 1,5 km vor dem

Gipfel führt der Sentier des Botanistes zum Arboretum (20 Min.).

Sentier des 4000 Marches: Wanderklassiker von Valleraugue auf den Gipfel des Mont Aigoual und zurück (21,5 km, 7 Std., über 1200 m Höhenunterschied; IGN 2641 ET).

Abîme de Bramabiau: westl. an der D 986, bei Camprieu, April–Juni 9–18, Juli, Aug. 9–19, Sept.–Mitte Nov. 9–17 Uhr.
An einer engen Wasserklamm tritt der zum Teil unterirdisch verlaufende Fluss Bonheur wieder aus den Felsen. Bramabiau sei das okzitanische Wort für Ochsengebrüll, heißt es, und umschreibe lautmalerisch das brausende Tosen des wieder zutage tretenden Wassers. Das Höhlenlabyrinth kann man auf schmalen Pfaden und Stegen besichtigen (außer bei zu hohem Wasserstand).

L'Espérou: Der kleine Wintersportort auf 1222 m Höhe wirkt im Sommer etwas verlassen.
Col de la Sereyrède: Wieder eine Wasserscheide zwischen den Flüssen zum Atlantik (Bonheur) und zum Mittelmeer (Hérault). Ein alter Viehauftriebsweg, die Grande Draille du Languedoc, führt über den Pass (1299 m). Nördlich folgt die D 18 ihrem Verlauf, südlich der GR 7.
Cascades d'Orgon: südöstl. von Espérou an der D 548. Von der Straße führt der Sentier Recolin (gelb-rote Markierung) zum Wasserfall.
Valleraugue: Das Dorf am Hérault war einst wichtiges Zentrum von Magnanerien und Seidenspinnereien.

Fête de la Transhumance: Mitte Juni ist dem Dorf L'Espérou der Durchzug der Schafherden (Transhumanz) ein großes Fest wert.

Cascade du Ray Pic

Mont Gerbier de Jonc und Mont Mézenc

Lage: G 1

Die beiden kahlen Berge gehören zur Montagne Ardéchoise, der gebirgigen Ardèche vulkanischen Ursprungs mit klaren Seen, Almwiesen und Nadelwäldern. Sie sind in Frankreich vor allem deswegen ein Begriff, weil hier die Loire entspringt. Obwohl der Mont Mézenc mit 1753 m der höchste Punkt der Ardèche ist, erhebt sich sein Gipfel kaum über die Hochebene – *suc* heißt diese Art Lavakuppe, die es auch ringsherum überall zu sehen gibt. Eine ausgeschilderte »Tour des Sucs« eröffnet immer wieder weite Blicke über die niedrigeren Hügel ringsherum. Unweit des Mont Mézenc beginnt schon das Département Haute-Loire, das zur Auvergne gehört.

Quelle der Loire: Mehrere Quellen rivalisieren darum, die *source de la Loire* zu sein – offiziell ausgeschildert ist ein Bächlein am Gerbier de Jonc, das in einer Steinhütte entspringt. Unweit von hier liegt die Wasserscheide, denn während die Loire zum Atlantik fließt, wendet sich die nicht weit entfernt entspringende Ardèche zum Rhône-Tal und zum Mittelmeer.

Ferme Bourlatier: 3 km östlich an der D 122, Mai–Sept. 10–12, 14–19 Uhr. Mensch und Vieh unter einem Dach – im imposanten Museumsbauernhof (17. Jh.) kann man das traditionelle Bergbauernleben kennen lernen. Eindrucksvoll: der 500 m^2 große Heuschober, der wie ein riesiger, auf dem Bauch liegender Bootsrumpf wirkt.

Cascade du Ray-Pic: 50 m fällt der Wasserfall in die Tiefe! Kulisse für die spektakulären Kaskaden bilden vulkanische ›Basaltorgeln‹.

Ste-Eulalie: Eines der höchstgelegenen Dörfer der Montagne Ardéchoise mit zum Teil unter Denkmalschutz stehenden Bauernhöfen, manche mit Strohdach.

Im **Lac de St-Martial** (13 ha) oder im **Lac d'Issarlés** (beide mit Surfbrett- und Tretbootverleih). Der tiefblaue Kratersee (90 ha) ist 138 m tief und liegt in 1000 m Höhe. Ein Wanderweg führt rundherum (5 km, 1 Std. 15).

Wandern: Nur ein Spaziergang (feste Schuhe!) ist es zum Gipfel des Gerbier de Jonc (1551 m), der aus der Nähe nur wie ein großer Steinhaufen in einer Wiese aussieht. Der Markierung folgend kann man in 20 Min. von der Straße steil hinaufklettern. Fantastische Aussicht über Täler und Hügel der Ardèche.

Eine schöne Wanderung führt vom Dörfchen Borée zum Mont Mézenc (IGN 2836 E). Oder ab Croix-des-Boutières über den GR 7 (hin und zurück 1 Std. 20). Auch vom Mont Mézenc grandioser Panoramablick.

Gleitschirmfliegen: Les Ailes du Mézenc, Le Genestoux, 07310 Borée, Tel. 04 75 29 46 93.

Ecole de parapente Velay Space, Le Bourg, 43150 Les Estables, Tel. 04 71 03 95 17.

Beide April–Okt.

Klettern: La Dame du Lac am Lac d'Issarlès, 33 Strecken.

L'Auberge: in 43150 Les Estables, Tel. 04 71 03 91 62, Reservierung empfohlen. Berggasthof mit Direktverkauf von

Am Mont Lozère

Produkten einiger Bauernhöfe, auf deren Basis auch solide Gerichte serviert werden: Würste, Rindfleisch mit Le-Puy-Linsen, Käse der Region, Quark mit Honig, Kastanienkuchen.

Mont Lozère

Lage: D/E 4

Der kahle Berg im nördlichen Teil der Cevennen ist mit Gräsern, Heide, Ginster und Blaubeeren bewachsen. Mit 1699 m Höhe am Sommet de Finiels überragt er alle anderen Gipfel. Robert Louis Stevenson schrieb in seinem Buch »Mit einem Esel durch die Cevennen«, von hier könne man schon die Segel der Boote bei Sète sehen. Etwas weiter südöstlich entspringt der Tarn.

La Cham des Bondons: nördlich von Florac an der D 135. Die zweitgrößte Ansammlung prähistorischer Monumente in Europa nach Carnac (Bretagne) zählt rund 150 Menhire und Dolmen. An der D 35 beginnt der ›Sentier des menhirs‹ (noch vor dem Col de Montmirat).

Lac de Villefort: Der Stausee wurde 1964 angelegt; das Dörfchen Bayard verschwand in seinen Fluten.

Wanderung: Der GR 7 folgt der alten Draille de la Margeride. Er führt durch den Weiler L'Hôpital mit Häusern aus Granit und einigen wenigen (restaurierten) Strohdächern.
Pic de Finiels: Vom Chalet du Mont Lozère (im Winter Skistation für Langlauf) zu Fuß bis zum Gipfel (9 km, 3 Std. hin und zurück; oft windig, kein Schatten!).

Villefort: Der lebhafte Ferienstandort mit Restaurants, Hotels und Geschäften profitiert von seiner Lage unweit des großen Stausees.

La Garde-Guérin: Das autofreie und schmuck restaurierte Dorf ist ein wunderschönes und viel besuchtes Ensemble alter Sandsteinhäuser aus dem 16. und 17. Jh., zu dem auch ein 27 m hoher Donjon und die romanische Kirche aus dem 12. Jh. gehören.
Génolhac: Der Ort liegt auf dem Weg vom Mont Lozère hinunter Richtung Alès. Enge Gassen, überwölbte Durchgänge und die romanische Kirche mit einem ›Kammglockenturm‹ lohnen einen Halt.

Plateau des Gras

Lage: H/J 4

Auf der Hochebene zwischen Gorges de l'Ardèche und Rhône-Tal wechseln Wein- und Lavendelfelder mit Garrigue und aufgegebenen Terrassenkulturen. Der dünn besiedelte, stille Landstrich bildet einen deutlichen Kontrast zur touristischen Betriebsamkeit der Ardèche-Schlucht. Der Sonne ausgesetzt – Bäume gibt es hier kaum –, kann man hier gemächlich mit dem Fahrrad oder zu Fuß auf Wanderwegen umherstreifen.

Gras: Mittelalterlicher Weiler, etwas abseits eine restaurierte Kapelle aus dem 11. Jh. mit Kammglockenturm.
Valvignères: Das Dorf inmitten von Weinfeldern (Coteaux de l'Ardèche) hat nicht nur hübsche alte Winzerhäuser aufzuweisen, sondern auch gleich zwei Stadtbefestigungen. Tritt man durch eines der Stadttore ins Innere, entdeckt man rund um die romanische Kirche den befestigten inneren Dorfkern.
Fauniscope: an der D 362 zwischen Gras und St-Remèze, April–Juni, Sept. Di–So 13–18, Juli, Aug. tgl. 10–18, Okt. So 10–18 Uhr.
Das Museum präsentiert eine umfangreiche Sammlung an einheimischen und exotischen Insekten.

Lavendelfeld auf dem Plateau des Gras

St-Thomé: Das wehrhaft wirkende Dorf auf einem Felsvorsprung gruppiert sich um die Kirche St-Thomas und die Kapelle St-Sébastien.
St-Montan: Das hübsche mittelalterliche Dörfchen schmiegt sich unterhalb einer Burgruine an eine Hügelflanke. Es war dem Verfall und dem Vergessen überlassen und wäre heute nichts weiter als ein Steinhaufen, hätte sich nicht vor 30 Jahren eine Bürgerinitiative gegründet (www.mairie-st-montan.fr). Einige der aufgegebenen Häuser wurden inzwischen wieder zum Leben erweckt, von vielen Freiwilligen, die hier im Sommer bei der mühseligen Restaurierung helfen.
Larnas: Die etwas abseits des Dörfchens stehende romanische Kirche St-Pierre-aux-Liens aus dem 12. Jh. mit oktogonalem Glockenturm ist ein echtes Schmuckstück.
Dent de Rez: Der Berg mit dem charakteristischen Profil ist mit 719 m die höchste Erhebung des Plateaus. Vom Dörfchen Les Hellys führt ein Wanderweg hinauf (Karte IGN 2939 OT; 1 Std. hin und zurück). Der Blick reicht weit übers Rhône-Tal (inklusive zweier Atomkraftwerke) und Richtung Cevennen. Die Wanderung lässt sich leicht zum Rundweg erweitern.
Aven de Marzal: bei Bidon an der D 590/D 201, März, Nov. So 11–17, April–Okt. tgl. 10–18 Uhr. Zur Tropfsteinhöhle gehören auch ein ›prähistorischer Zoo‹ mit riesigen Nachbildungen vorgeschichtlicher Tiere und das Musée du Monde Souterrain, das Ausrüstungsstücke von Höhlenforschern wie E. A. Martel zeigt. In der Grotte ist die Salle de la Pomme sehr farbenprächtig, in der Salle des Diamants glitzern Kristalle wie funkelnde Edelsteine.

Musée de la Vie: in Bidon, April–Mitte Nov. tgl. 10–18 Uhr.
Museum des Lebens: Die Evolution vom Urknall bis zum Homo Sapiens.
Musée de l'Ardèche Méridionale: in Bidon, April–Mai, Okt. tgl. 14–18, Juni–Sept. 10–18 Uhr. Altes Mobiliar, Modelle und Fotos dokumentieren das ländliche Leben der südlichen Ardèche.

Cave du Mas d'Intras: Denis und Emmanuel Robert, in Valvignères, Tel. 04 75 52 75 36, Mo–Sa 15–19 Uhr. Coteaux de l'Ardèche. Der Winzer spricht deutsch.
Cave coopérative de Valvignères: Tel. 04 75 52 60 60. Eine Spezialität hier ist der Viognier.
Flohmarkt: Gras, 15. Aug.

Fête Médiévale: Anfang Aug. in St-Rémèze.

Pont-de-Montvert

Lage: D 5
Postleitzahl: 48220
Einwohner: 300

Die schmalen, hohen Häuser des Orts zwängen sich zu beiden Seiten des Tarn, über den eine alte ›Eselsrücken‹-Brücke führt, ins enge Tal.

Ecomusée du Mont Lozère: April–Sept. 10.30–12.30, 14.30–18.30 Uhr. Das moderne Gebäude (mit *gîte* für Wandergruppen) ist Zentrum der *écomusées* des Nationalparks. Dazu gehören die Ausstellung hier zum bäuerlichen Leben, zur Natur und Geschichte der Region, mehrere einzelne Bauernhöfe sowie Naturlehrpfade.

Ferme de Troubat: Sa–Mi 10.30–12.30, 14.30–18.30 Uhr, Mitte Juni–Mitte Sept. tgl. Das restaurierte Gehöft aus Granit gehört ebenfalls zum *écomusée*.

Mas Camargues: 8 km östlich, D 20, dann rechts ab, hinter dem Weiler L'Hôpital. Juli, Aug. 10.30–12.30, 14.30–18.30 Uhr. Das ehemalige Berggehöft inmitten riesiger Granitblöcke ist eines der *écomusées* im Cevennen-Nationalpark. Mit Lehrpfad (*sentier de découverte*).

Sentier de l'Hermet: Naturlehrpfad mit Erläuterungen zu Flora, Fauna, Landschaft und Architektur (12 km, 3 Std. hin und zurück).

Office de tourisme: Tel. 04 66 45 81 94.

Kunsthandwerksmarkt: Mi im Sommer.

Privas

Lage: J 2
Postleitzahl: 07000
Einwohner: 10 490
Extra-Tour: 1, s. S. 84

Die Hauptstadt des Départements Ardèche nennt sich auch ›Welthauptstadt der kandierten Kastanie‹. Im 16. Jh. eine protestantische Hochburg, wurde Privas 1629 auf Befehl Ludwigs XIII. belagert und niedergebrannt. Ihr fast greifbarer Charme liegt weniger in einzelnen architektonischen Sehenswürdigkeiten als in ihrer typisch französischen Provinzialität, die sie aufs Sympathischste verkörpert.

Altstadt: Ein Rundgang führt zum Cloître des Récollets, zur Tour de Diane (15. Jh.) an der hübschen Place de la République und zum Hôtel du Dauphin in der Rue Hélène.

Pont Louis XIII: Die alte Brücke wurde nicht unter Ludwig XIII., sondern im 15. Jh. erbaut.

Mas Camargues am Mont Lozère

Mont Toulon: Privas selbst liegt schon auf einem Felsplateau oberhalb der Ouvèze, aber man kann noch einige Meter weiter hinaufsteigen zu den drei Kreuzen, um auch auf die Dächer des Städtchens hinunter- und weit in die Landschaft zu schauen.

Musée de la Terre Ardéchoise: 2, place des Récollets, Mi–So 14–18 Uhr, im Juli/Aug. tgl. 10–12, 15–19 Uhr.
Das Museum zur Geologie und Geschichte der Ardèche wurde in einem ehemaligen Kloster (Couvent des Récollets) eingerichtet.

Plan d'Eau de la Neuve: 6 km nördlich, Straße nach Ollières bis Le Petit Tournon, dort links Richtung Creysseilles, nach 1,5 km rechts Parkplatz.
Das aufgestaute Wasser ist tief genug zum Schwimmen (überwacht); der große Parkplatz zeugt davon, dass diese schöne Badestelle längst kein Geheimtipp mehr ist.

Reiten: Ferme équestre de Fermenas, Rochessauve, Tel. 04 75 65 06 76.

Vallée de l'Ouvèze: Mit dem Auto oder Rad durch das Tal. Der erste Ort **Coux** mit alten Häusern, engen Gassen und Durchgängen liegt hübsch auf einem Hügel, an dessen Fuß die Ouvèze Richtung Rhône fließt. Gegenüber der Brücke beginnt ein Spaziergang zu alten Höhlenverstecken des Hundertjährigen Krieges und der Religionskriege, den **Grottes de la Jaubernie** (45 Min. hin und zurück).
St-Vincent de-Barrès: Das wehrhafte Dorf überblickt das Plateau du Coiron.
Magnanerie ›Il était une soie‹: Les Faugères, bei 07210 St-Vincent-de-Barrès, Mai–Sept. Di–So 15–19, sonst Sa, So 15–19 Uhr, Nov. und Feb. geschl.
In der alten Magnanerie wird der komplette Zyklus der Seidenraupenaufzucht vorgeführt.
Chomerac: Die ausgebaute Straße zur Rhône verführt dazu, an dem Ort einfach vorbeizubrausen. Doch ganz am Ende der zentralen Straße lässt sich der alte Ortskern entdecken.

Office de tourisme: Place Général-de-Gaulle, BP 120, Tel. 04 75 64 33 35, Fax 04 75 64 73 95, ot.privas.ardeche@en-france.com Internet: www.mairie-privas.fr

Château de Liviers: 7 km, in Lyas, Tel. 04 75 64 64 00, chateauliviers@wanadoo.fr, www.logaccess.com/chateau, moderat.
Jean-Luc und Marie-Jo Humbert empfangen Gäste in ihrem Schloss (12.–17. Jh.), das einst den Malteserrittern gehörte und unter Denkmalschutz steht. 14 ha Park, fantastischer Ausblick, preiswerte *table d'hôte.* Fünf Zimmer für 2–4 Personen; EZ 250–290, DZ 290–350 FF, jede weitere Person 120 FF, drei Gîtes.
La Chaumette: Av. du Vanel, Tel. 04 75 64 30 66, Fax 04 75 64 88 25, teuer.
Sehr ruhig am Rand der Altstadt gelegen, ein 70er Jahre Bau mit 70er Jahre Flair. 36 modernisierte Zimmer, schöner Pool im Garten, im Sommer Frühstück auf der Terrasse (DZ 410–450 FF, Wochenendrabatte). Restaurant »Les Marronniers« mit sehr empfehlenswerter regionaler Küche (Menüs 115–250 FF; Sa mittags geschl.).

Ausgesprochen freundlicher Service im Hotel und im Restaurant.

Camping

Espace Ouvèze*:** Bd. de Paste, Route de Montélimar, Tel. 04 75 64 05 80, Fax 04 75 64 83 34, Ostern–Mitte Okt. (je 2 Wochen im Mai und Sept. geschl.)
166 Plätze auf 3,5 ha, zum Teil Schattenplätze. Man hört allerdings den Autoverkehr auf der Straße von Privas ins Rhône-Tal; dafür gute Einkaufsmöglichkeiten in Privas, Schwimmbad direkt nebenan, Supermarkt 100 m.

Le Moulin d'Onclaire:** 2 km, bei Coux, Tel. 04 75 64 51 98, April–Okt. michelelampe@lemel.fr
40 Plätze unterhalb des Örtchens Coux am Ufer der Ouvèze, ist sehr viel ruhiger. Einfache sanitäre Anlagen, Bar, Laden, *gîte d'étape*.

Le Gourmandin: Ecke Rue Pierre-Filliat/Cours de l'Esplanade, Tel. 04 75 64 51 52, Mi und So abends geschlossen.
Dem ansprechend, aber nicht übertrieben elegant ausgestatteten Eckrestaurant sieht man schon an, dass Küche, Karte und Service halten, was sie versprechen: gehobene regionale Küche mit Nouvelle Cuisine-Einflüssen. Menüs 100–240 FF.

Clément Faugier: Zone industrielle, Chemin Logis du Roy, Aug. geschl. Fabrikverkauf beim traditionsreichen Hersteller von *marrons glacés* (kandierte Maronen) und *crème de marrons*.

Palais du marron: 10, cours de l'Esplanade. Maronenpüree, -likör, -wein, kandierte Maronen.
Epicerie Chanéac: Place de l'Eglise. Regionale Spezialitäten.
Pâtisserie Patouillard: 10, rue de la République. *Lou Pisadou* (Kastanienkuchen).
Markt: Place de l'Hôtel-de-Ville, Mi (klein) und Sa (groß); im Juli, Aug. **Marchés nocturnes.**
Flohmarkt: 2. So im Monat
Marché aux potiers: Mitte Juni, Töpfermarkt.
Privas gourmand: Mitte Juli, Markt für regionale Spezialitäten.

Fête des Châtaignes: Ende Okt., Markt, Darbietungen und jede Menge geröstete Kastanien.

Bus: Nach Aubenas, Largentière, Les Vans, Vals-les-Bains.

Ruoms

Lage: G/H 4
Postleitzahl: 07120
Einwohner: 1850

Neben Vallon-Pont-d'Arc ist Ruoms das zweite touristische Zentrum nahe der Gorges de l'Ardèche. Vor allem zum Einkaufen und Flanieren kommen die Urlauber von den vielen Campingplätzen und Ferienhäusern rundherum – am turbulentesten geht es freitags zu, wenn Markttag ist.

Altstadt: Um die *vieille ville* zu erkunden, sollte man einmal die alte Stadtmauer umrunden und dann die Gässchen im Inneren durchstreifen. Besonders schön: die Maison du Baron und die Maison des Gardes.

Klettern: am Cirque de Gens (320 Spuren), der eindrucksvollste und größte Kletterspot; bei Labeaume, Balazuc, Vogüé, Lanas.
Reiten: Chavetourte, in 07120 St-Alban-Auriolles, Tel. 04 75 93 98 00, Fax 04 75 39 66 73
Reiterhof mit Pferden und Ponys auf dem Plateau zwischen Beaume und Chassezac.

Défilés de Ruoms: Die D 4 in nördlicher Richtung ist spektakulär – für die Straße wurde ein zum Fluss hin geöffneter Tunnel in die steilen Felswände gegraben, mit Ausblick auf die Ardèche.
Cirque de Gens: Ein kurzer Spaziergang (ab der Brücke über die Ardèche an der Straße nach Chauzon) führt zur großen Ardèche-Schleife bei Chauzon.
Rocher de Sampzon: Zum Aussichtspunkt auf dem Felsen windet sich ein Sträßchen hinauf. Zu Fuß kann man noch bis zum Gipfel steigen (45 Min hin und zurück). Aus 380 m Höhe blickt man über die weiten Mäander der Ardèche.
Labeaume: Das pittoreske Dörfchen im Tal der Beaume schmiegt sich an steile Felsen. Am schönsten ist der Blick von der Brücke (ohne Geländer, damit sie dem Hochwasser weniger Widerstand entgegensetzt): die von Platanen beschattete Place de Sablas mit zwei, drei Restaurants und Crêperien am Flussufer, glyzinien- oder weinüberwucherte Natursteinhäuser, die am Felsen kleben oder oben drauf thronen.
Musée Alphonse Daudet: Mas de la Vignasse, 07120 St-Alban-Auriolles.
Hier verbrachte der Schriftsteller in seiner Kindheit die Ferien. Das Museum dokumentiert das Land-

leben von einst und ist zugleich ein schönes Beispiel für die Architektur der Region. In einer Magnanerie wird die Seidenraupenzucht erläutert.
Balazuc und **Vogüé** s. S. 36.

Office de tourisme: Tel. 04 75 93 91 90, Fax 04 75 39 78 91, ot.ruoms.ardeche@en-france.com

Château de Chaussy: Valérie und Patrick Chardes, Tel. 04 75 39 61 82, Fax 04 75 89 80 69, moderat. Das Schlösschen aus dem 12. Jh. wurde samt Nebengebäuden zu 13 Ferienwohnungen (2–5 Personen) umgebaut. Mit Pool und Animation (im Sommer). Von 1100 FF (2 Personen Nebensaison) bis 3800 FF (5 Personen Hauptsaison) je nach Größe und Saison.
Maeva Latitudes Le Rouret: 10 km südwestl., in 07120 Grospierres, Domaine du Rouret, Tel. 04 75 35 77 00, Fax 04 75 93 97 46, www.maeva.fr, Nov.–März geschl., teuer. Große Anlage auf 70 ha mitten in der Garrigue mit zwei Pools, 14 Tennisplätzen, Fitness, Sauna, Minigolf, mehreren Bars, Restaurants, Diskothek, Animation und Kinderbetreuung Übernachtung im Hotel (120 große Zimmer mit Terrasse oder Balkon, nur mit Halb- oder Vollpension) oder in der ›Résidence‹ (Ferienwohnungen, 2–10 Personen). Kostenpflichtiges Sport- und Ausflugsangebot.

Camping

La Digue*:** in 07120 Chauzon, 6 km nördlich (über D 579 und D 308), Tel. 04 75 39 63 57, Fax 04 75 39 75 17, April–Sept. Paradiesisch ruhig in einer großen Flussschleife mit Kieselstrand, fern aller Straßen liegt der Campingplatz mit 100 Stellplätzen und ein paar Holzchalets. Pool, Bar, VTT-Verleih. Auch im nächsten Dorf Chauzon gibt es nur einen Lebensmittelladen.

Labeaume im Tal der Beaume

Terrasses de l'Ardèche: Route de l'Argentière, Tel. 04 75 39 77 57.
Das Restaurant in einer ehemaligen Brauerei aus dem 19. Jh. liegt am Flussufer. Das Bier gibt es nicht mehr, dafür lohnen Küche (regional und südwestfranzösisch) und die regionalen Weine. Die Terrasse direkt oberhalb der Ardèche ist ideal für einen lauen Sommerabend. Menüs 100, 125, 160 FF.
La Chapoulière: an der D 111 nach St-Ambroix, Tel. 04 75 39 65 43, in der Nebensaison So, Mo geschl.
Das Restaurant hat sich auf Fisch und Meeresfrüchte spezialisiert. Do und Fr Buffet (160 FF). Auch die Menüs (95–220 FF) legen den Schwerpunkt auf Austern, Muscheln, Fisch, beliebt ist das *plateau de fruits de mer.* Im Sommer sitzt man schön auf der Terrasse (im Hotel 11 Zimmer).

Markt: Fr vormittags auf dem großen Parkplatz am Office de tourisme und in der Hauptstraße, Lebensmittel und Kunsthandwerk
UVICA: am Ortsrand, Tel. 04 75 39 98 00. Vertritt rund 27 Winzer.

Fête du Vin: 2. So im Aug. Weinfest.
Labeaume en Musiques: Juli, Aug. in Labeaume. Tel. 04 75 39 79 86. Klassische Konzerte unter freiem Himmel (auf den Felsen am Wasser, auf der Brücke oder in einem alten Steinbruch) und in der Kirche. Die außerordentliche Schönheit des Ortes und die musikalischen Darbietungen renommierter Künstler machen das Festival zu einem einzigartigen Erlebnis.

Bus: Nach Aubenas, Vallon-Pont-d'Arc.

Lesetipp

Susanne Friedmann zog es von Deutschland nach Südfrankreich. »Ein Jahr in den Cevennen« heißt ihr Buch über das Leben in der Provinz (Knaur).

St-Jean-du-Gard

Lage: E 7
Vorwahl: 30270
Einwohner: 2450

Noch in den Cevennen gelegen, wirkt das Städtchen am Gardon schon mediterran. Über den Fluss führt eine alte ›Eselsrücken‹-Brücke (im 18. Jh. erbaut und nach dem Hochwasser im Jahre 1958 rekonstruiert). Lederverarbeitung, Woll- und Seidenproktion sorgten einst für Wohlstand. Die Maison Rouge in der Rue de l'Industrie war eine der größten Spinnereien (*filature*) der Region und die letzte, die schloss. Zentrale Achse des Städtchens ist die Grand'Rue.

Musée des Vallées Cévenoles: 95, Grand'Rue, Jan.–März, Okt.–Dez. Di, Do 9–12, 14–18, So 14–18 Uhr; April–Juni, Sept. tgl. 10–12.30, 14–19, Juli, Aug. tgl. 10–19 Uhr, members.aol.com/valceven.
In einer ehemaligen Herberge aus dem 17. Jh. wird das Alltagsleben der Cevennenbewohner präsentiert: Architektur und Landwirtschaft, Seidenzucht und Esskastanienproduktion, Mobiliar, Werkzeuge, Kunsthandwerk.

Dampfzug: März–Okt., viermal tgl. (Juni–Aug. tgl,

Aiguèze am Unterlauf der Ardèche

April–Mai Di–So, Sept., Okt. Di–Do, Sa, So), www.citev.com Nach Anduze verkehrt ein nostalgischer *train touristique,* der einen Stopp am Bambuswald einlegt. Strecke 14 km.

Atlantide Parc: Av. de la Résistance, tgl. 9.30–19.30 Uhr. Tropisches Aquarium mit Süß- und Salzwasserfischen in 52 Becken.

Le Merlet: Route de Nîmes, Tel. 04 66 85 18 19, Wandern, Klettern, Canyoning, Höhlentouren.

Corniche des Cévennes: Bis Florac führt die D 907 als Höhenstraße von Kamm zu Kamm (rund 53 km). Im 17. Jh. für die Truppen Ludwigs XIV. angelegt, bietet sie heute überwältigende Ausblicke auf die umliegende Berglandschaft. Linker Hand erstreckt sich das Borgne-Tal mit dem Gardon St-Jean, rechter Hand die Vallée Française mit dem Gardon de Ste-Croix. Stopps lohnen u.a. am Col St-Pierre (597 m), am Col de l'Exil (705 m) und im Dörfchen Le Pompidou. Col de Solpérière (1010 m) und Col des Faïsses (1026 m) sind die höchstgelegenen Punkte der Panoramastraße. Besonders schön ist die Fahrt natürlich bei klarem Wetter.

Vallée Française: Durch das Tal führt die D 983. Bei einem Ausflug lohnen Abstecher zur romanischen Kirche Notre-Dame-de-Valfrancesque und nach Ste-Croix-Vallée-Française, zum Musée du Cévenol in Pont-Ravagers, den *sentiers de découverte* von La Roquette (2,5 km) und Tour du Canourgue (1,5 km) sowie zur Magnanerie de la Roque.

Office de tourisme: Place Rabaut St-Etienne, Tel. 04 66 85 32 11, Fax 04 66 85 16 28, members.aol.com/otsistjean

Auberge du Peras: Route de Nîmes, Tel. 04 66 85 35 94, Fax 04 66 52 30 32, moderat. Angenehmes Logis-de-France-Haus mit 10 Zimmern, Pool, Fahrradverleih. Im Restaurant mit schöner Terrasse regionale Küche.

Camping
Mas de la Cam*:** 3 km außerhalb, Route de St-André-de-Valborgne, Tel. 04 66 85 12 02, Fax 04 66 85 32 07, www.masdelacam.fr, Mitte April–Sept.
Gut ausgestatteter Campingplatz am Ufer des Gardon mit 140 Stellplätzen, mit Pool und Liegewiese am Fluss, Bar, Restaurant. In einem renovierten *Mas* werden auch Ferienwohnungen vermietet.

Terroir Cévennes: Route de Nîmes. Spezialitäten und Kunsthandwerk der Region.
Markt: Di vormittags.

Fête du Pélardon: Anfang Juni.

St-Martin d'Ardèche

Lage: J 5
Postleitzahl: 07700
Einwohner: 550

Das touristische Zentrum am Unterlauf der Ardèche ist wegen der langen Kiesel- und Sandstrände beliebt – und wegen der Nähe zur Autobahn (knapp 30 km). Im Sommer überlaufen und Nadelöhr für den gesamten Autoverkehr, geht es hier in der Nebensaison noch beschaulich zu.

Plage de Sauze: flussaufwärts, beliebte Landestelle für Kajakfahrer.

Kajak & Kanu: Auch hier am Unterlauf der Ardèche ist ein beliebter Startpunkt – man wird mitsamt den Booten zunächst flussaufwärts transportiert.

Le Mazet – Centre équestre: nördlich an der D 290/Routes des Gorges, Tel. 04 75 98 85 51, Fax 04 75 04 36 65. Reiterhof: Ausritte, Reitschule, Ponyreiten für Kinder, *gîte d'étape*.

Aiguèze: Gegenüber am Steilufer liegt das mittelalterliche Dorf, das man über die schmale Hängebrücke erreicht.
Pont-St-Esprit: Die Kleinstadt an der Mündung der Ardèche in die Rhône gehört schon zum Département Gard. Die mittelalterliche Steinbrücke wurde der Legende nach vom hl. Bénezet erbaut, der auch die berühmte Brücke in Avignon schuf. Zwischen den Kirchen St-Pierre (17. Jh.) und St-Saturnin (12./15. Jh.) eröffnet eine Terrasse über der Uferstraße den Blick auf Rhône. Ein Rundgang durch die Altstadt lässt sich gut mit einem kleinen Einkaufsbummel verbinden.

Office de tourisme: Place de l'Eglise, Tel./Fax 04 75 98 70 91.

L'Escarbille: Rue Andronne, Tel. 04 75 04 64 37, Fax 04 75 98 71 13, Jan., Feb. geschl., moderat.
Kleines Logis de France-Haus mit 10 Zimmern (DZ 290–350 FF) im Ort, doch unweit des Ortsstrands an der Ardèche. Pool und Garten. Auf der Karte: regionale und provenzalische Gerichte, Fisch (Menüs 100–200 FF).

L'Auberge Sarrasine: in 30760 Aiguèze, Tel. 04 66 82 17 26.
Kleines Restaurant in mittelalterlichem Gewölbe. Südwestfranzösische und provenzalische Küche. Menüs 110–190 FF.

An der Corniche des Cévennes

Markt: Mi, So vormittags.

Rencontres Internationales Musicales: in Pont-St-Esprit, Anfang/Mitte Aug. Rund 200 Musiker und Musikstudenten tauschen sich in Kursen aus, abends gibt's Konzerte.

St-Pierreville

Lage: H 1/2
Postleitzahl: 07190
Einwohner: 500

Die hübsche Kleinstadt liegt inmitten von Kastanienwäldern – im Vallée de la Glueyre etwa sind an den terrassierten Hängen auf 300 ha *châtaigniers* angepflanzt.

Maison du Châtaignier: Place Neuve, Juli, Aug. tgl. 10–12, 15–19, April–Juni, Sept.–Nov. Mi, Sa, So 14–18 Uhr. Im ›Haus der Esskastanie‹ zeigen Objekte, Werkzeuge, Bilder, welche Rolle der ›Brotbaum‹ für die Region einst spielte. Am Ende des Museumsbesuchs können Spezialitäten aus Kastanien probiert werden. Di und Fr 15 und 17 Uhr geführte Spaziergänge.

Musée vivant de la Laine et du Mouton: Mi, So, feiertags 15 Uhr, Juli, Aug. tgl. 10.30, 14, 15, 16 und 17 Uhr, Jan., Feb. geschl. Geschichte der Wollherstellung, Wissenswertes über Schafzucht. In der Museumsboutique werden Pullover und Decken von Ardelaine verkauft.

Moulinage Chabriol: Chabriol Bas, Tel. 04 75 66 62 08, moderat.
In einer alten Seidenzwirnerei (*moulinage*) aus dem 18. Jh. werden sechs einfache Gästezimmer vermietet (290–340 FF).

Office de tourisme: Tel. 04 75 66 64 64, Fax 04 75 66 63 32.

Markt: So vormittags, Ostern–Sept.

Fête de la Châtaigne: Zur Erntezeit im Oktober.

Vallon-Pont-d'Arc

Lage: H 4
Postleitzahl: 07150
Einwohner: 2000

Der kleine Ort ist der touristische Mittelpunkt des Kanu- und Kajaktourismus und Ausgangspunkt für ein- oder mehrtägige Bootsfahrten. Hier beginnt der spektakulärere und bekanntere Teil der Gorges de l'Ardèche. Im Sommer macht der Urlaubstrubel das Dorf zum Rummelplatz; in Straßencafés und Bistrots sorgen Kanuten und Motorradfahrer für eine quirlige Atmosphäre.

Wandern: Von Labastide-de-Virac an die Gorges de l'Ardèche und zurück (je nach Wahl der Strecke 2–3 Std., IGN-Karte 2939 OT).
Ultraleichtfliegen: ULM Les Mazes, Basse Hironde, nach tel. Verabredung 04 75 36 88 79.
Outdoor: Explo, 3, impasse du Temple, Tel. 04 75 39 37 27, Fax 04 75 39 39 00, www.explo.fr, Canyoning, Höhlentouren, VTT, Klettern, Kajak.
Escapade Loisirs, Place de la Mairie, Tel. 04 75 88 07 87, Fax 04 75 88 11 74, www.escapade-loisirs.com, Canyoning, Höhlentouren, Klettern, Kajak.
Kanu & Kajak: Rund 25 Verleiher; beim Office de tourisme gibt es eine Übersicht.

Exposition Grotte Chauvet: März–Mai, Sept.–Nov. Di–So 10–12, 14–17.30, Juni–Aug. Di–So 10–13, 15–20 Uhr.
Vor 20–30 000 Jahren haben unsere Vorfahren in dieser erst 1994 entdeckten Höhle eine faszinierende Tierwelt in Schwarz, Ocker- und Rottönen an die Wände gemalt. Die Höhle selbst kann nicht besichtigt werden – die Erfahrungen in Lascaux haben gezeigt, wie schnell die klimatischen Veränderungen die wunderbaren, Jahrtausende alten Kunstwerke zerstören. Ein Duplikat der prähistorischen Bildergalerie ist geplant und soll ab 2002 Besuchern zugänglich sein.

Labastide-de-Virac: 9 km südl. Das hübsche befestigte Örtchen kann als Ausgangspunkt für eine Wanderung dienen. Im Château des Roure aus dem 15. Jh. ist ein Teil des Burgmuseums der Seidenraupenzucht gewidmet (Ostern–Juni, Sept. Do–Di 14–18, Juli, Aug. tgl. 10–19 Uhr).
Aven d'Orgnac: 18 km südlich, März, Okt.–Mitte Nov. 9.30–12, 14–17, April–Juni, Sept. 9.30–12, 14–18, Juli, Aug. 9.30–18 Uhr. Eine Drei-Sterne-Grotte! sagen Einheimische stolz. Tief geht es hinunter in die riesige Höhle (3 ha), deren außerordentlicher Reichtum an Tropfsteinformen sie zu den meistbesuchten Naturdenkmälern der Region macht. www.guideweb.com/ardeche/orgnac
Ma Magnanerie: in Les Mazes, Mai–Sept. Mo–Sa 10–12, 14–18 Uhr. Die *magnanerie* zeigt die verschiedenen Etappen im Leben

einer Raupe – vom Ei bis zum Schmetterling. Dokumente und Bilder informieren über die Geschichte der Seidenraupenzucht in der Ardèche. Mit Boutique.

Office de tourisme: 1, Place de l'Ancienne Gare, Tel. 04 75 88 04 01, Fax 04 75 88 41 09, tourisme-vallon@wanadoo.fr, www.vallon-pont-darc.com

Clos des Bruyères: Route des Gorges, Tel. 04 75 37 18 85, Fax 04 75 37 14 89, clos.des.bruyeres@online.fr, www.guideweb.com/ardeche/hotel/bruyeres, April–Sept., moderat.
Das moderne Hotel im ›provenzalischen‹ Stil liegt zwischen Fluss und Ortszentrum an der Route des Gorges. Mit Pool und Garten. 32 Zimmer für 2, 3 oder 4 Personen (DZ 320–360, zu dritt 400, zu viert 500 FF).
Manoir du Raveyron: Rue Henri Barbusse, Tel. 04 75 88 03 59, Fax 04 75 37 11 12, krismanoir-duraveyron@minitel.net, Mitte März–Mitte Nov., moderat.
Ruhiges Logis-de-France-Haus mit 14 Zimmern (DZ 230–300 FF) in einem schönen alten Gebäude. Auch als Restaurant mit südfranzösisch angehauchter Küche zu empfehlen. Im Sommer Abendessen auf der Terrasse (Menüs 80–230 FF).
Le Couradou: Labastide-de-Virac, 8 km südlich, Tel. 04 75 38 64 75, Fax 04 75 38 68 26, Dez.–Feb. geschl., www.chateaux hotels.com/couradou, teuer.
Das Dörfchen Labastide-de-Virac liegt nicht weit von den Gorges de l'Ardèche, doch fernab von allem touristischen Trubel. Anni und Xavier Destrades bieten in ihrem Haus aus dem 17. Jh. sechs ruhige, geräumige Zimmer im provenzalischen Stil (DZ 475–750 FF, Wochenendangebote). Pool, auf Anmeldung abends *table d'hôte* mit hausgemachten Spezialitäten.
Camping
Campingplätze gibt es nur bis zum Pont d'Arc (danach beginnt die Réserve Naturelle), bis dahin aber dafür fast Zaun an Zaun. Mehrere Drei- und Vier-Sterne-Plätze auf der Halbinsel bei Sampzon, an der Route des Gorges und am gegenüberliegenden Ufer in Salavas rivalisieren um die beste Ausstattung. Nicht direkt an der Straße liegt **La Roubine****,** Route de Ruoms, Tel./Fax 04 75 88 04 56, roubine.ardeche@wanadoo.fr, www.i-s-f.com/tourism/rocamp, Mitte April–Mitte Sept. Direkt an der Ardèche, mit eigenem Strand, Pool, 135 Stellplätze und Mobilehomes, Mountainbike-Verleih.

La Miellerie du Vieux Vallon: Av. Jean Jaurès. Dunkler Kastanien- und heller Lavendelhonig, würziger Garrigue-Honig, Provence-Blüten-Honig u.a.
Société française de Distilleries: Route de Ruoms. Eaux de vie (Williamsbirne, Himbeergeist, Traube), Traubenkernöl.
Markt: Do vormittags.
Flohmarkt: 1. So im Monat.
Domaine de Bournet: westl. über die D 111, in 07120 Grospierres, Tel. 04 75 39 68 20, Fax 04 75 39 06 96, www.chez.com/bournet.
Hier wird der Weinkauf zum Erlebnis. Das Weingut ist ein wunderschönes provenzalisches *Mas*, dessen Weinkeller besichtigt werden können. Im Gewölbesaal der Ferme de Bournet gibt es traditio-

nelle Küche der Ardèche (Menüs ab 115 FF, Tel. 04 75 39 08 35). Ohne Pestizideinsatz werden auf 17 ha Weinbergen hervorragende Weine angebaut, etwa Chardonnay, Merlot, Syrah, Grenache. Wem es hier gefällt: es gibt auch Zimmer und Gîtes sowie einen Pool.

Bus: Nach Ruoms.

Vals-les-Bains

Lage: H 3
Postleitzahl: 07600
Einwohner: 3800
Extra-Tour: s. S. 85

Der altmodische Kurort liegt im Tal des Flusses Volane. Das Wasser der kalten mineralischen Quellen soll Verdauungsbeschwerden und Diabetes lindern. Populär war das Heilbad während der Belle Epoque, wovon Architektur und Parkanlagen noch Zeugnis ablegen. Heute ist nichts mehr mondän – der Ort wirkt eher verschlafen. Das Flusstal ist hier recht eng – der Ort zieht sich schmal an beiden Ufern in die Länge: Links liegt das Quartier Thermal mit den Kuranlagen, hier wird das Mineralwasser Vals abgefüllt und alle sechs Stunden sprudelt die Source Intermittente. Rechts wird das Kastanienbier Bourganel gebraut, locken das Kasino mit Spielautomaten und die Haupteinkaufsstraße Rue Jean Jaurès, auf der sich sonntags der große Markt bis zur Gendarmerie zieht.

Das **Freibad** in Vals-les-Bains hat ein 50-m-Becken.
Pont-du-Diable: Bei Thueyts staut sich das Wasser der Ardèche zwischen rundgeschliffenen Felsen wie in granitenen Badewannen.

Wandern: Von **Meyras** ein Spaziergang über eine alte Römerstraße zum **Château de Hautségur** (Karte IGN 2837 E).
Vom Dorf **St-Joseph-des-Bancs** geht es durch Kastanienwälder zum Weiler La Croze (3,5 km, 2 Std. hin und zurück) oder nach Le Mazel zur **Öl- und Getreidemühle** von Maître Nougier (3 km, 1 Std. 30 hin und zurück, jeweils gelbe Markierung, Karte IGN 2937 O).
Von **Antraigues** hinauf zum **Château de Crau** (8 km, 2 Std. 30 hin und zurück, Karte IGN 2937 O)
Minigolf: im Parc du Casino, Mitte März–Mitte Okt.
Outdoor: Scheol Sports Aventure:

Tropfsteinsäulen im Aven d'Orgnac

in Ucel (Bréchignac), Tel. 04 75 88 92 09, members.aol.com/scheol2. Höhlentouren, Canyoning, Mountainbike, Bungee, Fantasy-Abenteuer.

Antraigues-sur-Volane: Das Dörfchen thront auf einem Felsen über dem Zusammenfluss von Volane und zwei weiteren Flüssen. Von der Brücke kann man zu Fuß hinaufsteigen. Der Chansonnier Jean Ferrat hatte hier einst sein Domizil. Dass weitere Künstler hierherzogen, trug Antraigues den Beinamen ›St-Tropez der Ardèche‹ ein. Auf dem zentralen Platz kann man unter Linden und Kastanien den Boulespielern zusehen.

Haute Vallée de l'Ardèche: Ein Ausflug entlang dem Oberlauf der Ardèche führt in das mittelalterliche Bergdorf **Meyras,** zum imposanten **Château de Ventadour** und nach **Thueyts,** wo der Pont du Diable das hier enge Flussbett der Ardèche überspannt und die Chaussée des Géants, eine eindrucksvolle, 80 m lange Basaltwand, die Kulisse dafür bildet.

Ecomusée du Moulinage: in 07380 Chirols, Juni–Aug. Mi–Mo 14–17.30 Uhr.

Das Zwirnen der Seide war einst ein wichtiges Handwerk in der Ardèche. Das Museum in einem alten Industriegebäude erinnert an dieses fast verschwundene Metier.

Die Kastanienernte im Herbst ist mühsam

Office de tourisme: 116, rue Jean Jaurès, Tel. 04 75 37 49 27, Fax 04 75 94 67 00, ot.vals.ardeche@en-france.com tourisme@vals-les-bains.com www.ville-vals-les-bains.fr www.vals-les-bains.com

Hôtel du Vivarais: 5, rue Claude-Expilly, Tel. 04 75 94 65 85, Fax 04 75 37 65 47, teuer. Imposantes altes Kurhotel direkt neben dem Casino. 47 Zimmer mit dem Charme und teilweise der Ausstattung der 30er Jahre (je nach Größe 290–550 FF). Das Hotelrestaurant ist das beste am Platze: Christiane Bossi-Brioude hat sich 13 Punkte im Gault Millau erkocht und ist stolz darauf, schon in der fünften Generation der Küche vorzustehen. Kastaniensuppe und ein *menu ardéchoise* stehen als Hommage an die regionale Küche auf der Karte – die Köchin liebt es alte, fast vergessene Rezepte wieder auszugraben (Menüs 150–300 FF).

Lo Podello: in Antraigues, Tel. 04 75 38 71 48. Preiswerte und sehr appetitliche

regionale Gerichte wie *caillette* oder Forelle. Drinnen im Schlossgemäuer oder draußen auf der Terrasse am hübschen Dorfplatz – eine malerische Idylle mit Boulespielern (Menüs 80–150 FF).
Mireille: 3, rue Jean-Jaurès, Tel. 04 75 37 49 06, Mi geschl. Im kleinen Restaurant in der Fußgängerzone werden deftige Hausmannskost wie *daube* und Spezialitäten der Ardèche von *caillette* bis *parfait aux marrons* serviert (Menüs 80–170 FF).

Markt: Fußgängerzone, So (groß) und Do vormittags; im Juli, Aug. Mi abends im Parc du Casino, Do abends im Quartier Thermal. Okt.–Dez. Mi vormittags Kastanienmarkt in Antraigues.
Flohmarkt: letzte So im Juli; Ostermontag und 15. Aug. in Antraigues.
Pâtisserie Baudoin: 98, rue Jean Jaurès. *Pastilles de Vals,* Bonbons mit Minz- und Zitronengeschmack.

Festi'vals du Jeu insolite et traditionnel: zweite Julihälfte, Festival der Spiele.
Fête de la Châtaigne: in Antraigues, Ende Okt./Anfang Nov.

Bus: Nach Aubenas.

Les Vans

Lage: F 4/5
Postleitzahl: 07140
Einwohner: 2700

Das Städtchen hat schon deutlich mediterranes Flair: nach Nordwesten geht es zwar in die Cevennen hinauf, breiten sich Kastanien-, Kiefern- und Buchenwälder aus, doch nach Süden senkt sich die Ebene zum Mittelmeer, wachsen Garrigue, Wein und Olivenbäume.

Altstadt: Beim Bummel durch enge Gassen und überwölbte Durchgänge im historischen Zentrum stößt man unweigerlich auch auf das alte Waschhaus (*lavoir*).

Mazet-Plage: Am gleichnamigen Campingplatz (D 252). Kieselstrände an beiden Ufern des Chassezac. Tiefe, zum Schwimmen geeignete Stellen bilden sich vor den steilen Felsen der Gorges.

Outdoor: Klettern z. B. an der Badestelle Mazet-Plage (110 Spuren) am Chassezac.
Explo: Maison de l'Escalade, 07460 Casteljau (und Le Pont de Fer in Les Vans), Tel. 04 75 39 37 27, Fax 04 75 39 39 00, www.explo.fr, Canyoning, Speleologie, Klettern, VTT, Kajak.
APAC: Place H. Thobon, Tel. 04 75 94 93 82, Fax 04 75 94 95 50, www.ardeche-loisirs.com, Kanu & Kajak (Ardèche und Chassezac), Rafting, Canyoning, Klettern, Speleologie, Wandern, Mountainbike.
Escapade Loisirs: in Casteljau, Tel. 04 75 88 07 87, Fax 04 75 88 11 74, www.escapade-loisirs.com, Kajak, Rafting, Canyoning, Klettern, Höhlentouren, Wandern.
Wandern: z. B. im Bois de Païolive (s. nächste Seite).
Gleitschirmfliegen: Ecole Ardéchoise de Parapente Barbule, Place H. Thibon, Tel. 04 75 39 36 67, www.parapente-fr.com/barbule
Reiten: Centre équestre des Combes, 12 km östlich in Chandolas, Tel. 04 75 39 37 89, Fax 04 75 39 08 56, www.les-vans.com/combes. Reitschule, Ausritte, Camping, Kutschenfahrten, Mountainbikes.

Bois de Païolive: 6 km südöstlich. Der Eichenwald wirkt verwunschen, denn an den Bäumen wachsen Flechten und wie von Riesenhand verstreut liegen überall verwitterte, von der Erosion zu Skulpturen geformte Felsblöcke. Markierte Fußwege führen durch den Wald, zur Ermitage St-Eugène etwa oder bis an die Steilkante 80 m hoch über dem Chassezac – winzig klein, nur bunte Tupfen auf dem Wasser sind Badende und Kajakfahrer.
Thines: Die Kurverei (D 113, D 513) scheint kein Ende zu nehmen, aber sie lohnt sich für Kunstinteressierte. Das pittoreske Dörfchen auf einem Hügel besitzt eine romanische Kirche, umgeben von dunklen Häusern aus Schiefer. Reich verziert und polychrom, überrascht Notre-Dame-de-Thines mit ungewöhnlicher Schönheit in dieser weltfernen Lage.
Banne: 8 km südl. Das Dörfchen auf einer Anhöhe mit terrassenförmig bebauten Hängen ist eines der vielen *villages perchés* (Adlerhorstdörfer) der Ardèche. Im 16. Jh. ließ ein lokales Adelsgeschlecht hier eine riesige Festung erbauen, die während der Französischen Revolution zerstört wurde. Nur die Befestigungsmauer und die Stallungen blieben erhalten, doch deren enorme Ausmaße beeindrucken auch so: 80 m lang und 12 m tief sind allein die Pferdeställe.

Weitere hübsche Dörfer unter vielen anderen rund um Les Vans sind **Naves** (3 km südwestl.), **Brahic** (5 km südwestl.) und **Chambonas** (1 km nördl.).

Office de tourisme: Place Ollier, Tel. 04 75 37 24 48, Fax 04 75 37 27 46, ot.les vans.ardeche@en-france.com, www.les-vans.com

Le Carmel: Tel. 04 75 94 99 60, Fax 04 75 94 34 29, leCarmel@wanadoo.fr, www.i-s-f.com/tourism/carmel, www.les-vans.com/carmel, Mitte Nov.–Mitte Dez., Mitte Jan–Mitte Feb. geschl., teuer.
Das Hotel liegt einige Meter oberhalb des großen zentralen Platzes von Les Vans. Aus dem ehemaligen Kloster (bis in die 1970er-Jahre lebten hier Karmeliterinnen) wurde eine ruhige Unterkunft. 26 komfortable Zimmer (400–490 FF), mit Pool und kleinem Garten. Im Restaurant regionale Küche.
Relais de la Vignasse: in 07230 Maisonneuve Chandolas, Tel. 04 75 39 31 91, Fax 04 75 39 08 12, www.vignasse.com, Okt.–Feb. geschl., moderat.
In der Mitte zwischen Les Vans und Ruoms liegt das ruhige Logis de France-Haus. Neun Doppel- und drei Mehrbettzimmer (DZ 280–350 FF), Terrasse und Pool. Regionale und französische Küche (Menüs 80–250 FF).
Mas de l'Espaïre: im Bois de Païolive, Tel. 04 75 94 95 01, Fax 04 75 37 21 00, espaire@wanadoo.fr, www.i-s-f.com/tourism/espaire, Jan., Feb. geschl., teuer.
Außerhalb von Les Vans in der Garrigue liegt dieses Natursteinhaus, eine ehemalige *magnanerie*. Mit Pool und schattiger Terrasse, 30 Zimmer im Landhausstil (DZ 410– 500 FF). Gehobene Küche.

Camping

La Rouveyrolle**:** 07460 Berrias-Casteljau, Tel. 04 75 39 00 67, Fax 04 75 39 02 34, rouv@club-internet.fr, www.vivarais.com, April–Sept.
Direkt am Chassezac beim Bois de Païolive mit guter Ausstattung, Pool, 100 Stellplätzen und Mobilehomes.

Le Grandgousier: Rue Courte, Tel. 04 75 94 90 86, Juli, Aug. tgl., März–Juni, Sept.-Nov. Mi, So geschl.
Unter Gewölben aus dem 16. Jh. gibt es hier mediterrane und regionale Gerichte mit Lamm, Perlhuhn, Anis, Fenchel, Paprika, Ziegenkäse (Menüs 100–300 FF).

Moulin à l'huile: Am westlichen Ortsausgang an der D 901 Richtung Villefort. Die Ölmühle presst qualitativ hochwertiges Olivenöl aus der runden Rougette-Olive, die hier angebaut wird.

Markt: Sa vormittags; Juli, Aug. Di ab 19 Uhr *marché nocturne*.

Jazz'n'co: 1. Aug.-Hälfte, Jazzfestival.

Bus: Nach Aubenas, Largentière, Joyeuse.

Le Vigan

Lage: D 7/8
Postleitzahl: 30120
Einwohner: 4600

Im ›Piemont der Cevennen‹ gelegen, ist auch Le Vigan eindeutig schon eine südfranzösische Stadt. Die Place du Quai mit alten Linden und einem Brunnen ist der belebte Mittelpunkt, die schöne Promenade des Châtaigniers wird von alten Kastanien beschattet.

Pont roman: Die mittelalterliche Brücke über den Fluss Arre stammt aus dem 12. Jh.

Musée cévenol: 1, rue des Calquières, April–Okt. Mi–Mo 10–12, 14–18 Uhr, sonst nur Mi. Das in einer *filature* (Seidenspinnerei) aus dem 18. Jh. eingerichtete Museum dokumentiert Kunsthandwerk und Traditionen der Cevennen, u. a. die Seidenraupenzucht, die auch hier im Süden der Cevennen einst ein bedeutender Erwerbszweig war. Ein Raum ist dem cevenolischen Schriftsteller André Chamson gewidmet; weitere Themen sind Weinbau, Schafzucht und Wollproduktion, vergessene Berufe.

Office de tourisme: Maison de Pays, Place Triaire, Tel. 04 67 81 01 72, Fax 04 67 81 86 79, OT.LE-VIGAN@wanadoo.fr, www.sunfrance.com/OT_Gard/otvigan.asp

Le Mas Quayrol: 5 km nordwestl. in Aulas, Tel. 04 67 81 12 38, Fax 04 67 81 23 84, Jan.–Mitte März geschl., moderat.
Typisches, wenn auch nicht altes Cevennenhaus in absolut ruhiger Lage mit Blick über das Arre-Tal, und 16 komfortablen Zimmern (DZ 280–400 FF). Im Restaurant werden Gerichte auf der Basis regionaler Produkte serviert, von Pilzen über Forelle bis zum Enten-Confit (Menüs 100–240 FF).

Camping
Val de l'Arre: 2,5 km außerhalb, Route de Ganges, Tel. 04 67 61 02 77, Fax 04 67 61 71 23, April–Sept.
Gut ausgestatteter Campingplatz am Fluss Arre, schattige Plätze und einige Holzchalets, Pool, Animation, Snack.

Fête de la Pomme Reinette: 3. So im Okt.

Canyoning – wie hier am Oberlauf des Chassezac – sollte man nur mit ausgebildeten und erfahrenen Führern ausprobieren

Villeneuve-de-Berg

Lage: H 3
Postleitzahl: 07170
Einwohner: 2300

Das Städtchen zwischen Plateau du Coiron und Plateau des Gras, einst eine königliche Bastide, zieht sich entlang seiner zentralen Achse, der Grand'Rue.

Gorges de l'Ibie: Am Trou de la Lune im Ibie-Tal wird das Wasser an einer alten Mühle aufgestaut.

Mirabel: Das befestigte Dorf wird von einem weithin sichtbaren Donjon überragt. Die aus dunklem Vulkangestein erbauten Häuser schmiegen sich an die Basaltfelsen des Plateau du Coiron. Weite Sicht über das Ardèche-Tal auf die Berge des Tanargue-Massivs.
Rochecolombe: Zu dem heute noch bewohnten Dorf gehört das verlassene *village féodal.*

Viaduc 07: Von St-Jean-le-Centenier fährt ein kleiner, Touristen-Zug nach Vogüé und überquert auf einem alten Viadukt die Ardèche (14 km, Abfahrt S. 36).

Syndicat d'Initiative: Grand' Rue, Tel./Fax 04 75 94 89 28 (Juli, Aug.), sonst Tel. 04 75 94 80 09.

Markt: Im Sommer *marché nocturne,* Di ab 19 Uhr.

Etats généraux du documentaire: 3. Aug-Woche, Dokumentarfilmfestival in Lussas.

Bus: Nach Aubenas, Bourg-St-Andéol, Les Vans.

Viviers

Lage: J 4
Postleitzahl: 07220
Einwohner: 3400

Das Städtchen an der Rhône, das der Provinz Vivarais ihren Namen gab, drängt sich zwischen zwei Hügel. Viele prächtige Bürgerhäuser aus Mittelalter und Renaissance machen deutlich, dass hier einst Kaufleute und Notable in Wohlstand lebten. Fünf Stadttore führen in die Altstadt, durch deren Gässchen man zur Kathedrale und in die Oberstadt hinaufgelangt. Diese war bis zum 19. Jh. den Kirchenleuten – Viviers war Bischofssitz – vorbehalten; der oktogonale Glockenturm St-Michel war zugleich der Zugang. Schläfrig und vom Tourismus übersehen wirkt Viviers – zugleich aber, als stände es kurz davor, bald sehr in Mode zu kommen.

Maison des Chevaliers: Rue de la République. Das ›Haus der Ritter‹ heißt wegen der mit Medaillonbüsten verzierten Renaissancefassade auch Maison des Têtes (Haus der Köpfe). Weitere schöne Stadtpalais entdeckt man an der Grande Rue.
St-Vincent: Die ›kleinste Kathedrale Frankreichs‹ wurde im 12. Jh. geweiht und im 15. Jh. umgebaut.
Belvédère du Châteauvieux: Schöner Blick von der Oberstadt über das Rhône-Tal.
Hôtel de Ville: Viviers war seit dem 5. Jh. Bischofssitz. Das ehemalige *Palais épiscopal* dient heute als Rathaus.
Port de plaisance: Eine Platanenallee führt von der Place de la Roubine bis zum kleinen Jachthafen an der Rhône.

Die hübschen Dörfer **Larnas, St-Thomé, St-Montan** und **Valvignères** liegen alle auf dem Plateau des Gras (s. S. 60).

Rochemaure: Juli, Aug. Mi–Mo 15–19, Juni, Sept. Sa, So 15–19 Uhr, im Sommer abends Son et lumière. Imposant thront das Château (12.–14. Jh.) über dem gleichnamigen Dorf. Auf mehreren parallelen Pfaden oder einem asphaltierten Sträßchen kann man zu Fuß zur Burgruine hinaufsteigen. Die benachbarten Zweitwohnsitze profitieren wie die Burg vom Blick über das weite Rhône-Tal. Der Spaziergang lässt sich bis zum Pic de Chenavari (507 m) verlängern (45 Min. hin und zurück).

Centrale nucléaire de Cruas-Meysse: 3,5 km südlich, Tel. 04 75 49 30 46, Mo–Fr 9–12.30, 14–18 Uhr. Auf Anfrage kann man das Atomkraftwerk besichtigen (Mindestalter 10 Jahre, Ausweis notwendig).

Abbatiale de Cruas: Di–Sa 14–18 Uhr, Besichtigung mit Führung. Die Abteikirche (12. Jh.) ist ein Meisterwerk romanischer Baukunst: Oben auf der Empore konnten sich die Mönche in Ruhe ihren Gebeten widmen, während der Raum unten Pilgern offenstand. Auch die Krypta aus dem 11. Jh., deren Kapitelle und das Mosaik in der Apsis sind sehenswert.

Office de Tourisme: 5, Place Riquet, Tel. 04 75 52 77 00, Fax 04 75 52 81 63. Ein übersichtlicher Faltplan führt zu allen Sehenswürdigkeiten; mit Vorschlag für Rundgang.

Rochecondrie**:** RN 86, Tel./Fax 04 75 52 74 66, April–Okt.

Der Campingplatz zwischen Rhône und Escoutay liegt zwar direkt an der befahrenen Route Nationale, aber die Plätze weiter weg vom Eingang sind einigermaßen ruhig. Mit Pool, hübscher Caféterrasse am alten Eingangsgebäude, Spielplatz und einigen Lamas! Angelmöglichkeiten, Mountainbike- und andere Freizeitangebote.

Markt: Di, Place de la Roubine. *Marché nocturne* je ein Do im Juli, Aug.

Fêtes du Rhône: 3. Juli-Wochenende in Viviers. Konzerte, Tanz, *Joutes* (Schifferstechen) auf der Rhône.

La Voulte

Lage: K 2
Postleitzahl: 07800
Einwohner: 5100

Das Städtchen an der Rhône war wegen seiner Eisenminen einst bedeutender als heute; jetzt zeugen nur noch einige Industrieruinen davon. Im ältesten Teil von La Voulte steigen enge, mittelalterliche Gassen und überwölbte Durchgänge zum Schloss hin an.

Château: Juli, Aug. tgl. 14.30–18 Uhr. Das Schloss wird restauriert. Am Einganz zum Ehrenhof liegt die kleine Chapelle des Princes mit manieristischer Ausstattung.

Musée de Paléontologie: 4, quai Anatole France, Juli, Aug. So–Fr 10–18, sonst 14–18 Uhr, Jan. geschl.

Fossilien aus der Ardèche, von der mumifizierten Kröte über eine Stute bis zum versteinerten Kastanienblatt (8 Mio. Jahre alt).

Plage de la Théoule: Überwachter Badeplatz am Eyrieux bei Les Ollières.

Ancienne voie ferrée: Besonders attraktiv: die Tour durchs Eyrieux-Tal zu Fuß, zu Pferd oder mit dem Mountainbike statt mit dem Auto! Eine stillgelegte Eisenbahntrasse führt von St-Laurent-du-Pape bis nach St-Agrève (50 km, Beginn am rechten Ufer).
Sentier de découverte: Von Beauchastel durch Pfirsichhaine und über Kämme mit schönen Ausblicken über das Rhône-Tal bis zur Schlossruine Pierre Gourde und zurück (7 km, 1,5 Std.).
Kanu/Kajak: Der Eyrieux führt nur im Frühjahr genug Wasser für Bootstouren.
Ardèche Miniatures: in 07130 Soyons, März–Mai, Okt.–Nov. Mo–Sa 14–18, So 10–12, 14–18, Juni–Sept. tgl. 10–19 Uhr.
Sehenswürdigkeiten der Ardèche vom Mont Gerbier de Jonc bis zum Pont d'Arc im Maßstab 1:25.

Eyrieux-Tal: Der ›Obstgarten‹ der Ardèche – hier werden vor allem Pfirsiche und Aprikosen geerntet. Seit einiger Zeit werden in der Ardèche wegen der Marktentwicklung aber auch verstärkt Kirschen, Birnen, Pflaumen, Äpfel, Nektarinen und sogar Kiwi angebaut, daneben Stachelbeeren, Himbeeren, Blaubeeren. Im Frühjahr schön, weil alles blüht, von Juni bis September, weil Erntezeit ist.
Beauchastel: 3 km nördlich. Das restaurierte mittelalterliche Dörfchen am Beginn des Eyrieux-Tals schmiegt sich an einen Hang. Im Frühjahr scheint es auf Pfirsichblüten zu schweben. Durch enge Gässchen mit Kieselpflaster, über steile Treppen und durch überdachte Durchgänge steigt man hinauf zur Burgruine und zur Freiluftbühne. Panoramablick über das Rhône- und das Eyrieux-Tal.

Office de tourisme: Parc Baboin, Tel. 04 75 62 44 36, Fax 04 75 62 44 55, ot.lavoulte.ardeche@en-france.com

De la Vallée: Quai Anatole France, Tel. 04 75 62 41 10, Fax 04 75 62 26 22, Jan. geschl., moderat.
Das Logis-de-France-Hotel liegt direkt an der befahrenen Uferstraße, daher sollte man um eines der Zimmer nach hinten raus bitten. 14 Zimmer (200–320 FF).
Musardière: 12 km nördlich, bei 07130 Soyons, RN 86, Tel. 04 75 60 83 55, Fax 04 75 60 85 21, www.capausud.com, Luxus.
Komfortabler Landsitz mit zwei Zimmerkategorien: moderne Zimmer in der Musardière, provenzalisch-rustikale in der Châtaigneraie (850–1200 FF). Pool, Tennis, Sauna, Whirlpool. Restaurant mit regionaler Küche (Menüs 120–400 FF).
Camping
Domaine des Plantas**:** 07360 Les Ollières-sur-Eyrieux, Tel. 04 75 66 21 53, Fax 04 75 66 23 65, Mai–Mitte Sept.
127 Plätze flussaufwärts im Eyrieux-Tal, mit Bar, Restaurant, Pool, Spielplatz, Animation.

Markt: Fr vormittags; Juli, Aug. Mi abends.
Flohmarkt: 4. So im Monat.
Coopérieux: in Beauchastel. Genossenschaftlicher Direktverkauf von Obst aus dem Eyrieux-Tal.

Jazz: Konzerte im Schloss, Sept.–Juni, 1. Di im Monat.

EXTRA-

Fünf Extra-Touren im wilden Süden Frankreichs

1. Esskastanien – Das Brot der Armen

2. Maulbeerbäume und Seidenraupen

Touren

3. Auf den Spuren der Camisarden

4. Geier und Schafe – Der Cevennen-Nationalpark

5. Reise mit dem Esel durch die Cevennen – Unterwegs mit Robert Louis Stevenson

Extra Tour 1

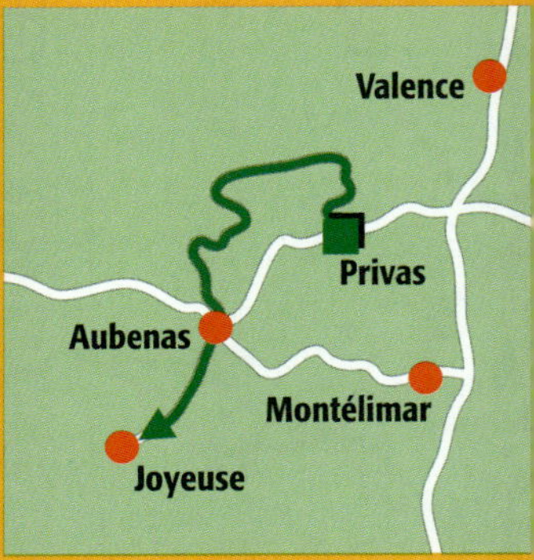

Esskastanien – Das Brot der Armen

Über Jahrhunderte pflanzte man in der Ardèche und den Cevennen Kastanienbäume als vorherrschende Nutzpflanze an. Für Generationen war die Marone Mehllieferant und Grundnahrungsmittel. Früher wurde aus den gemahlenen Früchten vor allem Brot gebacken. Aber auch alles andere wurde verwertet: Die Blätter lieferten dem Vieh Futter, trockene Äste dienten als Feuerholz, die größeren als Baumaterial sowie für Möbel, Werkzeuge und Fässer. Die Kastanien wurden in speziellen zweistöckigen Häuschen (*clède*) langsam getrocknet: Oben lagen auf einem Lattenrost die Maronen, unten wurde ein Feuer ein bis zwei Monate in Gang gehalten.

Um 1860 erreichte die Produktion in der Ardèche rund 40 000 t, heute sind es noch 5000 t Esskastanien pro Jahr. Rund 60 Arten (Aguyane, Esclafarde, Comballe, Riallouse, Ventouse u.v.a.) gibt es, die zur Mittelmeerfamilie *Castanea Sativa* gehören. Kastanien werden nicht nur geröstet, sondern auch in süßer Form als Eis, Kuchen, Püree, Konfitüre oder kandiert, deftig als Suppe oder Beilage, alkoholisiert als Likör oder Wein – die Brauerei Bourganel in Vals-les-Bains stellt sogar Maronenbier her.

Die ›Brotbäume‹ wachsen bis in 700 m Höhe, bei günstiger Lage auch bis 1000 m, auf Schiefer- und Granitböden. Ausgedehnte Kastanienwälder findet man in den Bergregionen der Cevennen und der Ardèche. Nur etwa ein Drittel wird noch bewirtschaftet; viele Pflanzungen, die nicht gepflegt werden, verwildern. Zu mühsam ist das Sammeln der Früchte, zu zeitaufwändig das Schälen.

Die Tour startet in **Privas** (s. S. 62), der *capitale du marron glacé*. Clément Faugier gründete hier 1882 sein Unternehmen für kandierte Maronen und erfand auch die *crème de marron* (aus Resten von *marrons confits*, Kastanienmehl, Vanille und Sirup). Die Metallschachteln, die als Verpackung dienen, sind bis heute fast unverändert geblieben. Bei Faugier und im Palais du Marron kann man sich mit Vorräten eindecken oder bei einem Bäcker den Kastanienkuchen *lou pisadou* kaufen.

In **St-Pierreville** (s. S. 70), in dessen Umgebung es noch viele Kastanienwälder gibt, ist ein Mu-

Kastanienwälder prägen Ardèche und Cevennen

seum der Kultur des ›Brotbaums‹ gewidmet. Die Maison du Châtaignier bietet zudem zwei Touren an: ein Spaziergang führt in die Kastanienwälder im Vallée de la Glueyre, auf der ›Route du Châtaignier‹ geht es von Bauernhof zu Bauernhof – im Lauf der kulinarische Rundfahrt gibt es diverse Spezialitäten zu probieren.

Auch **St-Joseph-des-Bancs** (s. S. 73) ist von Kastanienwäldern umgeben. Ein anderthalb- bis zweistündiger Spaziergang (gelbe Markierung) kann zum Weiler La Croze führen oder nach Le Mazel, wo Maître Nougier eine 200 Jahre alte Mühle bewirtschaftet, in der im Herbst auch Kastanien zu Mehl gemahlen werden.

Ab Mitte September tragen die Kastanienbäume ihre stachligen Früchte; von Mitte Oktober bis Ende Dezember wird geerntet. In vielen Dörfern und Städten finden dann Kastanienmärkte und -feste statt. In **Antraigues** (s. S. 74) etwa, das wie ein Adlerhorst auf einem Basaltfelsen im Volane-Tal hockt, wird im Herbst die Fête de la Châtaigne gefeiert. Abends wird ein riesiger Scheiterhaufen entzündet, der bis tief in die Nacht hinein brennt. Auf dem großen Dorfplatz werden Maronen geröstet und die Arbeit von einst vorgeführt (weitere Kastanienfeste in St-Pierreville und Privas).

Über **Vals-les-Bains** (s. S. 73), wo Christiane Brioude-Bossi im Hotel du Vivarais ihre berühmte *cousina* (Kastaniensuppe) serviert und nebenan das Maronenbier Bourganel gebraut wird, und **Aubenas** (s. S. 35), wo mit Sabaton ein weiterer renommierter Hersteller kandierter Maronen ansässig ist, geht es entweder zurück nach Privas oder weiter Richtung Süden.

In **Joyeuse** (s. S. 46) gibt es ein zweites Kastanien-Museum. Hier kann man nicht nur Werkzeuge, altes Mobiliar und Schälmaschinen betrachten, sondern auch einige Produkte aus Maronen probieren.

Soweit die Geschichte. Und die Zukunft? Die Kastanienbauer der Ardèche haben nicht nur die geschützte Herkunftsbezeichnung AOC (Appellation d'Origine Contrôlée) »Châtaignes d'Ardèche« beantragt, sondern auch das Projekt eines Parc Naturel Régional des Monts angeregt.

Route: 110 km, circa 1 Tag

EXTRA Tour 2

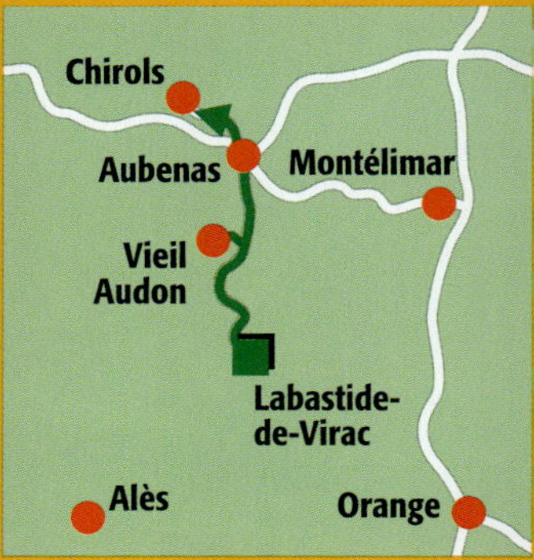

Maulbeerbäume und Seidenraupen

Die Seidenweber von Lyon erhielten ihr Material ganz aus der Nähe: In der Ardèche und in den Cevennen zog man auf Bauernhöfen die Raupen auf (*l'élévage des vers à soie*), verarbeitete die Kokons zu Rohseide und zwirnte diese wiederum zu Fäden. Seit im bitterkalten Winter 1709 zahllose Kastanien- und Olivenbäume erfroren waren, hatte man verstärkt Maulbeerbäume angepflanzt, deren Blätter die Hauptnahrung für Seidenraupen bilden. Nachgewiesen ist die Seidenraupenzucht (*sériciculture*) jedoch schon seit Mitte des 13. Jh.

Als bedeutende Seidenproduzenten erlebten Ardèche und Cevennen im 18. und 19. Jh. eine Zeit der wirtschaftlichen Blüte – mit den ›Goldbäumen‹ zog ein gewisser Wohlstand ein. Aufgrund der wachsenden Nachfrage nahm die Produktion rasch auf mehrere Tausend Tonnen zu. Überall schossen Spinnereien (*filatures*) und Zwirnereien (*moulinages*) aus dem Boden.

Aber schon Mitte des 19. Jh. begann die Quelle des Reichtums zu versiegen: Eine Krankheit befiel die Raupen und richtete große Schäden an. Dass Louis Pasteur schon 1865 ein Heilmittel entdeckte, konnte keinen neuen Aufschwung bewirken: Inzwischen produzierte die Konkurrenz in Asien weitaus günstiger und der Bau des Suez-Kanals ermöglichte den Import dieser preiswerteren Seide aus Fernost. Binnen weniger Jahrzehnte verlor dieser Erwerbszweig seine wirtschaftliche Rolle für die Region wieder.

Im Château des Roure in **Labastide-de-Virac** (s. S. 71) erinnert das Burgmuseum an die Arbeit der Seidenraupenzüchter. Ausgestellt sind Dokumente und Fotos zur Herstellung und Verarbeitung der Seide.

Mit der Einführung der Kunstfasern endete die Ära der Seidenindustrie endgültig, die letzte *magnanerie* schloss schon vor Jahrzehnten ihre Pforten. Heute sind eine Hand voll Züchtereien wieder zu besichtigen; für die Touristen wurde die alte Tradition in einigen Orten wieder belebt. In Les Mazes bei **Vallon-Pont-d'Arc** (s. S. 71) wird die Zucht vom Ei bis zum Kokon vorgeführt (weitere Museen zur Seidenraupenzucht und Magnanerien auch in St-Vin-

Kokons und Seidenraupen in einer Magnanerie

cent-de-Barrès, St-Alban-Auriolles, Le Vigan, St-Jean-du-Gard und im Vallée Française). Zunächst wurden die Eier gekauft und von den Bäuerinnen in Beuteln an der Brust gewärmt. Ende April, Anfang Mai, wenn die Raupen geschlüpft waren, begann man mit ihrer Aufzucht, die mit dem Knospen der Maulbeerbäume zusammen fallen musste, da sie nur frische Blätter mögen. Wichtig waren vor allem die ständige Temperaturkontrolle und der Futternachschub für die gefräßigen Raupen, die während ihres kurzen Lebens unter lauten Schmatzgeräuschen gigantische Mengen an Maulbeerblättern verzehren. Um 25 g Raupen aufzuziehen, müssen 1000 kg Maulbeerbaumblätter an sie verfüttert werden. Nach vier Häutungen und circa einem Monat hört die Raupe auf zu fressen, sucht sich einen Halt (in den Magnanerien setzte man sie auf besenartige Heidekrautbündel) und beginnt ein Sekret abzusondern. Nach drei Tagen ist die Verpuppung beendet. Zum Ablesen der Kokons traf sich die ganze Nachbarschaft – auch Gelegenheit zur Brautschau.

Bei einem Spaziergang von Balazuc nach **Vieil Audon** (s. S. 36) kommt man an neu angepflanzten Maulbeerbäumen (*mûriers*) vorbei, denn auch hier will man die Zucht wieder beleben.

Den Seidenraupen ist es nicht bestimmt, als Schmetterlinge zu schlüpfen. Sie werden erstickt, um sie an der Zerstörung des kostbaren Seidenfadens zu hindern. In der *filature* wird der Kokon in heißem Wasser, das das klebrige Bindemittel löst, abgehaspelt und gesponnen. Ein Kokon ergibt etwa 500–1500 m Rohseidenfaden; je nach gewünschter Fadenstärke werden mehrere Fäden miteinander verzwirnt. Das gewonnene Material ging zum größten Teil nach Lyon, um den Bedarf der dortigen Seidenwebereien zu decken. In den 1960er Jahren schloss die letzte Spinnerei der Cevennen in St-Jean-du-Gard.

Nach einer Mittagspause in Aubenas geht es weiter nach Norden. Das Ökomuseum in **Chirols** (s. S. 74) zeigt in einem Industriegebäude aus dem 19. Jh. das Moulinieren (Zwirnen von Seide).
Route: 60 km, 1 Tag

EXTRA Tour 3

Auf den Spuren der Camisarden

Im 16. Jh. hatte die Lehre Calvins besonders im Süden Frankreichs viele Anhänger gefunden. Ganze Städte – wie Privas, Aubenas, St-Jean-du-Gard und Anduze – schlossen sich der Reformation an. In der ehemaligen Protestanten-Hochburg **Anduze** (s. S. 33), dem ›Genf der Cevennen‹, gibt es einen besonders großen *temple* (protestantische Kirche) – der allerdings erst im 19. Jh. erbaut wurde.

Die Machtkämpfe zwischen Protestanten und Katholiken wuchsen sich zu blutigen Religionskriegen aus. 1598 garantierte Heinrich IV. mit dem »Edikt von Nantes« den Protestanten weitgehende Glaubensfreiheit und einige unantastbare Zufluchtsorte.

Im Verlauf des 17. Jh. wurden diese Rechte Stück um Stück wieder eingeschränkt; nach der Devise »*un roi, une loi, une foi*« (ein König, ein Gesetz, ein Glaube) machte König Ludwig XIV. sich die Bekehrung aller Untertanen zur Aufgabe. Eine seiner drastischen Maßnahmen waren die Dragonnades: Soldaten – die Dragoner – wurden in protestantische Haushalte einquartiert, wo sie ungehindert plündern, drangsalieren, misshandeln konnten. 1685 wurde das Edikt von Nantes widerrufen – und die Ausübung des protestantischen Kults unerbittlich als Staatsverbrechen verfolgt: Man zerstörte die Kirchen und verjagte die Pfarrer. Eltern, die nicht übertreten wollten, nahm man die Kinder ab. Viele Protestanten wurden zwangsweise konvertiert, fliehen durfte man nicht.

Doch ein wahrer Exodus begann: Mehrere Hunderttausend Gläubige verließen Frankreich und fanden Zuflucht in den Niederlanden, der Schweiz, Deutschland. Die im Land verbliebenen Protestanten organisierten eine *église du désert,* eine Kirche in der Wüste. Einige Kilometer nördlich von Anduze liegt der Weiler **Mas Soubeyran** (s. S. 34). 1680 wurde der Camisardenführer Pierre Laporte (genannt Rolland) hier geboren. In seinem Geburtshaus befindet sich heute das Musée du Désert, in dem der protestantische Widerstand von 1685 bis 1787 dokumentiert wird: mit mobilem Kultgerät (eine Kanzel zum Herausklappen im Weinfass) oder Minibibeln für die Gottesdienste im Frei-

Abgeschiedene Cevennentäler als Versteck: im Vallée de la Mimente

en. Einmal im Jahr, am ersten Sonntag im September, versammeln sich hier an die 20 000 Protestanten aus ganz Frankreich zur Assemblée du Désert, um mit einem Gottesdienst der vergangenen Ereignisse zu gedenken.

In Pont-de-Montvert spielten sich die Ereignisse ab, die als Beginn des Camisardenkriegs gelten: In der Nacht zum 25. Juli 1702 wurde der Abbé Chayla ermordet, der hier 67 Personen protestantischen Glaubens gefangen hielt und folterte, weil sie versucht hatten, aus Frankreich zu fliehen. Das war das Signal für den Ausbruch militanten Widerstands.

Zwei Jahre lang kämpften 2500 bis 3000 Camisarden einen Guerillakrieg gegen rund 30 000 Mann königlicher Truppen. Die Widerstandskämpfer ›im Hemd‹ (*camisa* in der Langue d'oc) lebten im Untergrund, nutzten ihre Kenntnis des vertrauten Terrains und unterhielten in Höhlen geheime Verstecke und Waffenlager. Die **Grotte de Trabuc** (s. S. 34) etwa diente den Camisarden als Zuflucht.

Bei **Mialet** spannt sich der Pont des Camisards (1714–18 errichtet) über den Gardon. Dieser Ort hat unter der Verfolgung der Protestanten sehr gelitten: 1703 wurden alle Einwohner ins Roussillon zwangsumgesiedelt.

St-Jean-du-Gard (s. S. 67) war einst ebenfalls eine Hochburg der Camisarden; Abraham Mazel, einer der Anführer, wurde in der Stadt geboren. Auch hier stammt der *temple* allerdings aus dem 19. Jh.

In der abgeschiedenen **Vallée Française** (s. S. 68) fällt es nicht schwer, sich vorzustellen, dass sich die Camisarden in den Bergen und Wäldern der Cevennen leicht verstecken konnten.

Trotz der Unterstützung durch die Bevölkerung und der besseren Ortskenntnisse hatten die Camisarden keine Chance gegen die königlichen Truppen. 1704 mussten sie sich geschlagen geben. Brutale Repressalien folgten, Männer und Frauen wurden auf Galeeren deportiert oder in Kerker verschleppt, ganze Dörfer abgebrannt, Aufrührer und Prediger getötet. 1704 wurde Rolland, gerade 24 Jahre alt, erschossen und sein Leichnam durch die Straßen von Nîmes geschleift.

Route: 40 km, 1/2 Tag

Extra Tour 4

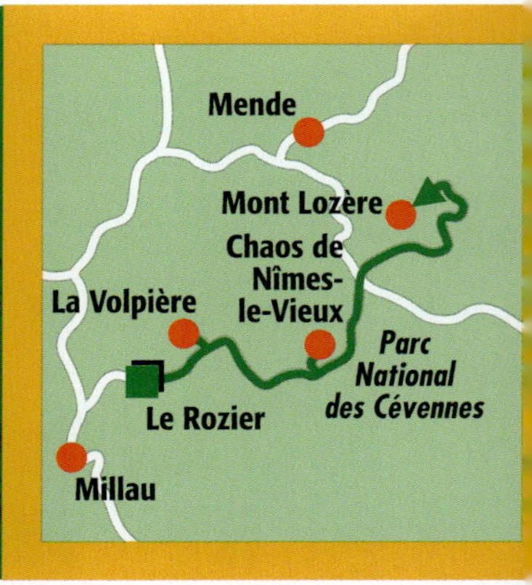

Geier und Schafe – Der Cevennen-Nationalpark

Cevennen und Causses sind eine Landschaft von karger Schönheit. 1970 wurde der Nationalpark Cevennen geschaffen, um den kulturellen und ökologischen Reichtum der Region zu schützen; 1985 erklärte die UNESCO das Gebiet zum Biosphärenreservat. Es gibt eine Kernzone (rund 90 000 ha, 52 Orte bzw. Höfe mit etwa 600 Einwohnern) mit strengen Auflagen für die Landwirtschaft und rigiden Bauvorschriften und rundherum ein Randgebiet (circa 230 000 ha, 65 Kommunen mit 40 000 Einwohnern) mit weniger strenger Reglementierung. Den Löwenanteil am Nationalpark stellt das Département Lozère, einen geringeren die Départements Gard und Ardèche.

Vom Ausgangspunkt Le Rozier-Peyreleau geht es im Tal der Jonte flussaufwärts. Abgesehen davon, dass der Nationalpark in sehr unterschiedlichen Biotopen zahllosen Tier- und Pflanzenarten (zum Teil endemisch) Schutz bietet, gelang auch die Wiederansiedelung einiger bedrohter Tierarten in ihrem natürlichen Lebensraum (Biber, Mufflon, Auerhahn, eine Flusskrebsart, Königsadler, Fischotter u.v.a.). Am spektakulärsten ist sicher die Geier-Population in den **Gorges de la Jonte** (s. S. 43). Dieser Raubvogel tötet seine Beute nicht selbst, sondern frisst nur Aas. Wegen der Jäger, weil Gift ausgelegt wurde und weil vorgeschrieben war, Lammkadaver zu vergraben, waren die Geier (*vautours*) seit den 1940er Jahren fast ausgestorben. Anfang der 1980er Jahre wurden rund 45 Vögel freigelassen, die sich inzwischen erfolgreich vermehrt haben und die man vom **Belvédère des Vautours** (s. S. 43) aus beobachten kann. Außerhalb der Cevennen gibt es in Frankreich nur noch eine weitere Kolonie in den Pyrenäen.

Am besten kennen lernen kann man den Park in den drei *écomusées*, dem Ecomusée du Mont Lozère, dem Ecomusée des Cévennes und dem Ecomusée du Causse Méjean. Zu jedem gehören jeweils mehrere Stationen, vom Museumsbauernhof über Ausstellungen bis zum Naturlehrpfad. Daneben machen 1800 km markierte Wege (darunter 600 km Reit-, 200 km Mountainbikewege und 100 km

Der Hüter der Herden – Schäfer auf den Causses

Skilanglaufloipen) den Besucher mit Fauna und Flora vertraut.

Der kleine restaurierte Bauernhof im abgelegenen Weiler **Hyelzas** (s. S. 52) auf dem Causse Méjean ist ein Teil des *écomusée*. Hier lässt sich der bäuerliche Alltag von einst nachvollziehen.

Ein Rundgang durch das Felsenmeer **Nîmes-le-vieux** (s. S. 52), eine Ansammlung verwitterter Steinblöcke, macht mit der steppenartigen Landschaft auf der Hochfläche des Causse Mejean vertraut.

In **Florac** (s. S. 38) ist im Schloss das Informationszentrum des Nationalparks untergebracht. Hier kann man sich mit Büchern, Postkarten, Wanderführern und Zeitschriften versorgen.

Auf den *drailles,* den ehemaligen Viehtriebwegen, wurden im Juni die Schafherden vom Languedoc auf die höher gelegenen Sommerweiden im Zentralmassiv getrieben. Im Herbst, wenn die Winde kälter wurden, zogen die Schäfer wieder talabwärts in die Ebene. Auf den grasbewachsenen Hochebenen gab es auch im Sommer noch Futter, wenn in der Ebene längst alles verdorrt war. Transhumanz heißt diese Art von halbnomadischem Schäferdasein. Heute werden die oftmals 10 m breiten, mit dicken Kieselsteinen gepflasterten *drailles* zum Teil von Wanderern genutzt. Die drei wichtigsten sind die Draille du Gévaudan (über den Mont Lozère), die Draille de la Margeride (Florac, Col des Faïsses) und die Grande Draille d'Aubrac (Col de Perjuret bei Meyrueis und Col de Sereyrède am Mont Aigoual). Teile dieser Schneisen bezog man in die Streckenführung der Fernwanderwege ein (GR 43, GR 7).

Im Ecomusée du Mont Lozère in **Pont-de-Montvert** (s. S. 61) informiert eine Ausstellung über Natur und Geschichte im Cevennen-Nationalpark. Zum Museum gehören auch **Mas Camargues** (s. S. 62) und Mas de la Barque sowie ausgeschilderte Entdeckungspfade.

Am **Mont Lozère** (s. S. 59) endet die Tour mit dem Blick vom Gipfel über die weite, einsame Landschaft.

www.parcs-nationaux.fr/cevennes
www.bsi.fr/pnc
members.aol.com/ecomusee
Route: 120 km, 1–2 Tage

Extra Tours

Mit dem Esel durch die Cevennen – Unterwegs mit Robert Louis Stevenson

Im September 1878 bricht ein junger Schotte zu einer Wanderung durch die Cevennen auf. In Le Monastier, einem kleinen Nest südlich von Le Puy, stellt Robert Louis Stevenson die Ausrüstung für seine 12-tägige Wandertour zusammen. Die Gebirgler betrachten das Vorhaben mit einer Mischung aus Skepsis und Verwunderung, als sei der junge Schriftsteller im Begriff, eine Reise zum Mond oder zum Nordpol zu unternehmen. Als Lasttier ersteht Stevenson eine Eselin, die er – noch in Unkenntnis ihres Charakters – Modestine (»Die Bescheidene«) nennt. Vor seinem Aufbruch warnt ihn die Dorfbevölkerung einhellig vor Kälte, Räubern, Wölfen und jähem Tod.

Allen düsteren Prophezeiungen zum Trotz übersehen seine Berater das tatsächlich eintretende Missgeschick: Die Eselin stellt sich stur. Doch ein Stock löst das Problem und bringt das störrische Tier in munteren Trab. Über Bouchet-St-Nicolas und Pradelles am Allier geht es ins wilde und bergige Gévaudan, dessen Wälder erst kurz zuvor wegen der Wölfe fast gänzlich gerodet worden waren. Bald muss Stevenson feststellen, dass sein Weg durch eine scheinbar endlose Einöde führt, die ihn an das raue schottische Hochland erinnert, eine kalte, trostlose und unwirtliche Region, ohne Baumbewuchs, scheinbar ohne Leben, mit eisigem Wind. Doch da Stevenson unterwegs ist, »um aus der Zivilisation auszusteigen und die Nöte und Haken der Existenz unmittelbar zu spüren«, ist seine Reaktion eher erfreut: »Indem ich mich nun morgens in einem verlassenen Waldeswinkel Gévaudans vorfand, ohne zu wissen, wo Nord und Süd, so fremd in meiner Umgebung wie der erste Mensch auf Erden, ein Schiffbrüchiger des Festlandes – , da ergab es sich, dass sich ein Teil meiner Tagträume verwirklicht hatte.«

Nach einem Aufenthalt im Kloster Notre-Dame-des-Neiges führt ihn seine Wanderung vom Tal des Chassezac hinauf zum **Mont Lozère** (s. S. 59), von dem die Sicht bei klarem Wetter bis zum Mittelmeer reicht. Stevenson hatte gar mit Leuten gesprochen, die ver-

Nur einer schleppt Gepäck – mit einem Esel geht man unbeschwert

meintlich weiße Schiffe an Montpellier und Sète hatten vorbeisegeln sehen. Da das Wetter umgeschlagen ist und die weite Hügellandschaft ihm blau und golden im besonnten Dunst des Morgens zu Füßen liegt, packt auch Stevenson die Begeisterung für die wilde, schöne Landschaft: An die steilen Hänge klammern sich herbstlichbunt belaubte Eichen und Kastanien, hier und dort stürzen Wildbäche durch eine Felsklamm zu Tal – die Naturerlebnisse werden in so eindringlichen Bildern beschrieben, dass man die Reise am liebsten gleich nachvollziehen möchte.

Auch über die Glaubenskämpfe zwischen Camisarden und Katholiken erfährt man in Stevensons Bericht einiges. Zu seinem Erstaunen ist die Erinnerung noch immer lebendig, ohne jedoch das freundliche Einvernehmen zu beeinträchtigen. In **Pont-de-Montvert** (s. S. 61), der Camisardenhochburg »blutigen Angedenkens«, spürt Stevenson die erste »südliche Note«; auch der Menschenschlag scheint hier schon anders.

Dem Tal des Tarn folgt Stevenson ins liebliche **Florac** (s. S. 38), »mit einem alten Schloss, einer Platanenallee, vielen originellen Straßenecken und einer munteren Quelle, die aus dem Berg sprudelt« – viel verändert hat sich hier bis heute nicht. Durch das Tal der Mimente und Kastanienwälder geht es weiter nach **Cassagnas** »abseits vom Strom der Welt« und **St-Germain-de-Calberte,** wo gerade die Reblaus die Weinberge heimsucht. Mit der Wanderung durch die Vallée Française und den Abstieg hinunter nach **St-Jean-du-Gard** (s. S. 67) endet die Tour – und der Abschied von Modestine ist schmerzlich.

1879 erschien »Travels with a Donkey in the Cevennes« als Stevensons zweites Buch; berühmt wurde er jedoch mit dem Roman »Die Schatzinsel« (1882). Der Fernwanderweg GR 70 folgt den Spuren des Schotten (Topoguide 700); man kann den Weg auch mit einem (Gepäck)Esel erwandern; Infos bei den Fremdenverkehrsämtern (s. S. 24) und Chemin de R. L. Stevenson, Rue Célestin Freinet, 48400 Florac, Tel. 04 66 45 05 32; im Internet: www.cevennes.com/stevenson.htm

Wandertour: 220 km gesamt, 12 Tage; ab Mont Lozère: circa 60 km.

Impressum/Fotonachweis

Fotonachweis

Titel: Der Pont d'Arc in den Gorges de l'Ardèche
Vignette: Auf dem Eyrieux
S. 2/3: La Malène in den Gorges du Tarn
S. 4/5: Gorges du Chassezac
S. 30/31: Balazuc an der Ardèche

Philippe Fournier (St-Georges-les-Bains) Abb. S. 1, 4/5, 6/7, 8, 10, 13, 17, 18, 30/31, 40, 47, 49, 57, 66, 74, 78, 85, 87 (2)
Jörg Meyer/Das Fotoarchiv (Essen) Abb. S. 53
Heiko Specht/laif (Köln) Titelabb., S. 2/3, 15, 20, 34, 59, 62, 68, 70, 73, 89, 91
Bernd Spitzkatz/AllOver (Kleve) Abb. S. 60
Jochen Tack/Das Fotoarchiv (Essen) Abb. S. 45, 93

Kartographie:
Berndtson & Berndtson Productions GmbH, Fürstenfeldbruck

Alle in diesem Buch enthaltenen Angaben wurden von der Autorin nach bestem Wissen erstellt und von ihr und dem Verlag mit größtmöglicher Sorgfalt überprüft. Gleichwohl sind inhaltliche Fehler nicht vollständig auszuschließen. Ihre Korrekturhinweise und Anregungen greifen wir gern auf.
Unsere Adresse: DuMont Buchverlag, Postfach 101045, 50450 Köln.
E-Mail: reise@dumontverlag.de, Internet: www.dumontverlag.de

Die Deutsche Bibliothek – CIP-Einheitsaufnahme:
Kalmbach, Gabriele:
Ardèche & Cevennen / Gabriele Kalmbach.
- Köln : DuMont, 2001
(DuMont Extra)
ISBN 3-7701-5346-4

Grafisches Konzept: Groschwitz, Hamburg

Druck: Rasch, Bramsche
Buchbinderische Verarbeitung: Bramscher Buchbinder Betriebe

ISBN 3-7701-5346-4

Register